HUESO DE MI HUESO
y
CARNE DE MI CARNE

JOSÉ U. RIVERA

Hueso De Mi Hueso Y Carne De Mi Carne

PLAN MAESTRO DE DIOS PARA LA FAMILIA, HOGAR E IGLESIA

ISBN: 978-0-9990335-1-7

Oikos Ministries Global | Pastor José Uriel Rivera Collazo

Pastor José U. Rivera
Riveraju2900@gmail.com

Todos los derechos reservados. Ninguna parte de este libro puede ser reproducido sin la autorización escrita del autor, excepto lo dispuesto por la ley de derechos propietarios e intelectuales de Estados Unidos de América

©Oikos Ministries Global/José U. Rivera 2017

Salvo indicación contraria, todas las citas Bíblicas de las Escrituras, son de la versión Reina Valera.

Convenciones utilizadas: soportes, cursiva, negrita u otro énfasis, son únicamente del autor.

Tabla De Contenido

Dedicatoria	| 07
Agradecimientos	| 09
Prólogo	| 11
Carta Personal al Lector	| 15
Introducción	| 21

CAPÍTULO 1.
Triunidad .... | 23

CAPÍTULO 2.
El Sexto Día – Tierra y Polvo: Dios lo Toma Personal | 27
- Tierra | 28
- Polvo | 32
- El Hombre | 33

CAPÍTULO 3.
ADN Espiritual .... | 37

CAPÍTULO 4.
Comprensión en las Relaciones .... | 41

CAPÍTULO 5.
Dios El Jardinero | 43

CAPÍTULO 6.
¿Qué Hay en un Nombre? | 47

CAPÍTULO 7.
Estar Solo No Es Bueno | 53

CAPÍTULO 8.
Una Promesa de Ayuda | 57

CAPÍTULO 9.
Un Procedimiento Quirúrgico
Realizado por Dr. Dios | 61

CAPÍTULO 10.
El Hacer a Una Mujer | 67

CAPÍTULO 11.
Hueso de Mi Hueso y Carne de Mi Carne | 77

CAPÍTULO 12.
Ella se Llamará Eva | 87

CAPÍTULO 13.
Honrando a la Mujer – Una Perspectiva Olvidada | 89

CAPÍTULO 14.
Desobediencia - Inicio del Pecado | 95

CAPÍTULO 15.
El Personaje de Satán – Agente de Pecado | 101

CAPÍTULO 16.
Estrategia del Agente de Pecado
Contra Dios y el Futuro de la Humanidad | 111

CAPÍTULO 17.
No Sólo Cualquier Árbol – No Sólo Cualquier Fruta | 119

CAPÍTULO 18.
Deseo/Lujuria – La llave que
Abre el Conocimiento del Bien y del Mal | 123

CAPÍTULO 19.
Comienzo del Juicio para Satán y la Humanidad | 131

CAPÍTULO 20.
Jesús el Segundo Adán | 141

CAPÍTULO 21.
El Regalo | 147

CAPÍTULO 22.
La Familia y la Biblia | 153

CAPÍTULO 23.
La Esposa de Jesús el Divino | 157

CAPÍTULO 24.
Responsabilidades de La Esposa y El Esposo | 163
- Compañerismo | 164

CAPÍTULO 25.
Verdadero Amor - 1 Juan 4 | 177

CAPÍTULO 26.
Intimidad Sexual y Los Niños | 179

CAPÍTULO 27.
Manteniendo la Unidad | 183

CAPÍTULO 28.
Liderazgo de la Iglesia y la Relación Matrimonial | 189

CAPÍTULO 29.
Una Apelación de Cristo a Todos Los Hombres | 203
- Tu Mamá | 203
- Tu Responsabilidad para Tu Esposa | 205

CAPÍTULO 30.
Una Apelación de Cristo a Todas Las Mujeres | 211

CAPÍTULO 31.
La Familia de Dios | 217

Dedicatoria

En primer lugar, dedico este trabajo a Elohim sin cuyo Plan Maestro, yo no habría nacido para escribir sobre ello.

En segundo lugar, lo dedico en honor de mi amada madre, Margarita Collazo Oquendo y a mi papá, José Rivera Marrero. Mamá se encargó de introducirme desde niño, a Cristo Jesús como mi Salvador y Señor.

En tercer lugar, lo dedico a mi esposa Claudia, cuyo incansable aliento y fe que esto era el plan de Dios, me apoyó hasta su finalización. Desde que se concibió por primera vez, ella y mi suegra Daysi, oraron y movilizaron a mucha gente para orar y bendecir el proyecto para los que se beneficiarían de él.

Cuarto e igualmente importante, mis hijos: Michelle, Yasmin, Alex y mis presentes y futuro nietos: Daniel, Jonatán, Natanael, Mateo, Gavri'el y Mikah'el, ellos serán la generación que marca la diferencia.

HUESO DE MI HUESO y CARNE DE MI CARNE / 08

Agradecimientos

Bendecidos los que, de alguna forma, grande o pequeña, han tenido un impacto en mi vida y me han animado a poner por escrito los pensamientos, contemplaciones y reflexiones de este manuscrito.

Al secarse la tinta en esta página, y su nombre se refleja en contraste con el color del papel, usted honra a Dios y a este servidor para que este trabajo sea un legado para futuras generaciones.

Mis hermanos y hermanas en sangre: Delia, Sonia, Federico, Orlando, Rebecca, Arnaldo, Laura, Héctor, Alicia, Waida y mi "pequeña B", Belinda, que está descansando y esperando en el Señor, el sonido de la final trompeta para celebrar las Bodas del Cordero.

Asociados del Ministerio quíntuple y sus esposas, cuyo aliento y amistad continúan siendo una fuente de inspiración en mi vida y la de mi esposa: Pastor Edward Gutierres, su esposa Norma y sus hijos; nuestros primer Hogar Oikos casa iglesia; Pastor Femi Adun y Busola,

Grace House, Londres, Inglaterra; Cesar Morales y Sandra, Hechos TV, Orlando, FL; Pastor Eric Melwani y Janet, Church of Many Waters, Orlando, FL; Pastor Francisco Rodriguez (Paquito) y Raquel, Instituto Teológico Multicultural/Orlando Sureste, AD; Pastor Joe Maese y Soledad, Phoenix, AZ.

Mis estudiantes Hispanos y de Inglés en el Instituto Teológico Multicultural, Orlando, FL. Sureste A.D., Clases: Pentateuco, Daniel, Apocalipsis, Epístolas Pastorales, Espíritu Santo.

La familia de mi esposa en Arizona -Mami Daysi, Natalia, Mario y Carlos, que siempre van más allá de su alcance, para asegurarse de que mi esposa y yo estemos muy bien cuidados.

El favor y la gracia de Dios sean con todos ustedes, por el resto de sus vidas. Gracias.

Prólogo

En casi dos décadas de caminar con y para el Señor Jesucristo, me he mantenido firmemente a la escuela de pensamiento, que sería difícil e imposible para la iglesia o cualquier nación, poder cumplir el gran plan de Dios sin un profundo estudio y entendimiento del plan y propósito para la institución familiar de Dios. En los primeros tres capítulos de la Biblia, leemos el desarrollo de la agenda de Dios para la tierra entera, en restaurarla y replicarla para parecerse exactamente a la cultura del cielo; por lo tanto, la frase el cielo en la tierra. Desafortunadamente, el fracaso de la primera familia en acatar los preceptos de Dios, condujo a toda la raza humana en una dirección totalmente diferente de lo que Dios quería. La desobediencia de Adán y Eva los hizo vulnerables. Esto le dio a Satanás, el enemigo de lo bueno, la oportunidad para presentar su agenda destructiva.

Tranquilidad, igualdad, unidad y la prosperidad de todos los hombres y mujeres, jóvenes o mayores, fue y sigue siendo parte del plan de Dios para toda la raza humana. Sin embargo, creo que es inadecuado intentar el cumplimiento de este trayecto, sin mirar y cuidar la institución de la familia, puede acordar conmigo, que es el fundamento o cimiento de la sociedad civilizada o incivilizada. Mi convicción por este paralelo, se basa simplemente en la palabra escrita de Dios, autenticada por varios hechos históricos y mi experiencia personal de ser parte de la familia nuclear, así como una familia espiritual (la iglesia).

Como pastor, una vez me estaba preparando para dar un discurso durante una Convención del día del padre. Encontré un informe, publicado por The Centre for Social Justice in the United Kingdom. El informe detalla las estadísticas asombrosas de la ausencia paterna; un problema de levantamiento rápido, dentro de las Islas Británicas. Esto, provocó el desequilibrio psicológico de muchos adolescentes, provocando el aumento de varias revueltas sociales, amenazando así el objetivo de comunidades seguras en la mayoría de los Barrios en el Reino Unido (UK).

El informe indicó, que la política de la familia mejor se resume en una estadística – 48 por ciento de todos los niños nacidos hoy en día, verán la ruptura de la relación de sus padres (¿Forgotten Families? The vanishing agenda, 4th October 2012). Este dato quiebra al corazón y debe suscitar conversaciones dentro de la cristiandad, a iniciativas como este libro, que tienes en tus manos ahora mismo. Proporcionará información y soluciones de perspectivas bíblicas para parar esta némesis, causando estragos en nuestra sociedad y a su vez, desestabilizando los cimientos de nuestras naciones.

En este libro, el Pastor José Rivera no ha escrito sólo inteligentemente, sino que espiritualmente ha respondido a la pregunta que muchas personas en este mundo del siglo 21 se preguntan, sobre el matrimonio y la fe. Con cautela y exégesis, argumentó su punto de vista de los efectos del matrimonio en todos los aspectos de la sociedad y la actividad humana, especialmente la vida de la fe en Dios. Esta obra maestra no es un libro; es un manual de vida para la construcción de una relación de matrimonio piadoso y productivo. Mientras que extrae un enfoque de la relación matrimonial; también proporciona información beneficiosa y vital para el establecimiento de una familia sólida y saludable.

En más de la mitad de una década que he conocido y he tenido el privilegio de pasar varios días y noches, conversando con el Pastor José, sobre varias cuestiones que molestan en todos los aspectos de la vida, él ha continuado ofreciendo sabiduría excepcional y conocimiento de vanguardia de todos estos temas; significativamente, muchos que han impartido conocimiento en mi alma, así como la dirección para tomar decisiones. Por lo tanto, me da mucha confianza, que cada página de este manual de vida, no sólo prenderá fuego a la mente de cada lector, sino que también aliviará el alma de la tensión de presiones maritales o dificultades familiares.

¡Le felicito señor! Este libro me ha bendecido. No dudo que tendrá el mismo efecto sobre millones de personas que lo van a leer a través de las Naciones de la tierra, en varios idiomas. Ruego que este será el primer libro entre muchos más.

Apostol Femi Adun
Presidente/Fundador
Eagle World Outreach, UK

Carta Personal al Lector

Amado Lector:

Gracias por adquirir este manuscrito.

Su elección, indica la búsqueda de conocimiento y sabiduría más allá de lo que ya ha sido derramado en su mente.

Tal vez, es sólo por curiosidad y tiene preguntas que pueden ser contestadas por algunos contenidos en el libro. Sea cual sea su razón, yo creo que el Espíritu Santo, lo condujo hasta aquí.

El Plan Maestro de Dios toma en cuenta todas las contingencias. Incluso, antes de que tú y yo estuviéramos en existencia, el propósito y el curso de nuestras vidas fueron tomados en consideración. Disposición de recursos se asignaron para que nos ajustáramos al plan perfecto de Dios para dejar un legado de fe, creencia, verdad y testimonio de su existencia y su amor por la humanidad.

Sin un conocimiento personal de Dios, usted sólo recibirá de este libro, cierta satisfacción intelectual que llenará sus necesidades para el presente. Si usted tiene una relación con Dios, el material suministrado sólo aumentará esa relación, pero quizás no pueda satisfacer a su alma. Buscas conocimiento y comprensión, pero el amor de Dios, aún no ha madurado.

Si usted está buscando agradar a Dios en su relación con él, entonces su amor por él y su amor por ti se armonizan. La satisfacción va a venir en una euforia inexorable de la manifestación espiritual que te deleitarán, nutrirán y satisfarán tu alma deseosa y contenta, con una dosis diaria, de la gloria permanente de Cristo en ti.

Ninguno de nosotros es perfecto en nuestro propio entendimiento. [*Romanos 3:10 "como está escrito, no hay ninguno justo, no, no uno."*] Todos pecamos todos los días. [*Romanos 3:23 "porque todos pecaron y están destituidos de la gloria de Dios."*] Cargamos con la culpa por las cosas que hablan mal de nosotros. Llevamos un armario de esqueletos dignos de cualquier buen cementerio. [*Romanos 3:12 "Todos se desviaron del camino, a una se hicieron inútiles; no hay quien haga lo bueno, no hay ni siquiera uno."*] no queremos exponernos en forma alguna a causa de lo que otros piensan o dicen de nosotros. No queremos herir a los que amamos, preferimos refugiarlos a ellos o nosotros, del tamaño proporcional de nuestros pecados.

Pagamos generosamente a psicoanalistas, psiquiatras, psicólogos, consejeros y a menudo más allá de nuestros medios. Buscamos la verdad, la dirección o a un ser empático, que escuche las confesiones de las perversas maquinaciones y deseos de nuestros corazones pecaminosos. Sin embargo, parece no haber ninguna solución adecuada. Por lo tanto, seguimos indagando más y más profundamente en nuestra propia piscina de desesperación. Sólo el sepulcro, se convierte en el Santuario para el ser humano, cuyas esperanzas y aspiraciones nunca se llevaron a cabo. Manos vacías que se mostrarán ante el Creador, sin razón aparente, por una vida de incumplimiento

Mientras vivimos, todavía hay esperanza. Jesús lo dijo: [*Mateo 11:28 "Venid a mí todos los que estáis trabajados y cargados, y yo os haré descansar."*] [*"Apocalipsis 3:20 He aquí, yo estoy a la puerta y llamo: Si alguno oye mi voz y abre la puerta, entraré a él y cenaré con él y él conmigo."*]

Probablemente has escuchado acerca de Cristo Jesús en algún momento de tu vida y al leer esto dices "Esto es otro argumento de venta religiosa."

Mi intención no es inculcarle en hacer algo que no desea. Sólo me encantaría que pudieras tener una relación con Cristo como la que yo he tenido de por vida. Él ha sido mi amigo y mentor. Él me introdujo al Espíritu Santo que mora en mí. Me dio un entendimiento de la Palabra que me permite compartir contigo, como amigo. Tus decisiones son estrictamente tuyas. Me encantaría si un día en lugar de ocupar una parcela de cementerio, nos unamos con Cristo y en su fiesta de bodas con los Santos.

Si consideras un cambio de tu actual estado de ánimo,

permíteme ofrecerte una oración simple que la puedes decir en la intimidad de tu lugar privado. A saber:

"Señor Jesús, estoy plenamente consciente de que he pecado y pido tu perdón en este momento. Entiendo que yo pueda pecar otra vez en algún momento, en mi relación contigo. [*1 Juan 2:1, 2* "*Hijitos míos, estas cosas os escribo para que no pequéis; y si alguno hubiere pecado, abogado tenemos para con el Padre, a Jesucristo el justo. Y Él es la propiciación por nuestros pecados; y no solamente por los nuestros, sino también por los de todo el mundo.*"] Por favor, dame fuerza para ser una mejor persona y guíame a través de tu Palabra para que yo no vuelva pecar. Te suplico a que me ayude a hacer de mi casa un hogar contigo como nuestro huésped invisible. Restaura mi relación con mi esposa / esposo / hijos / hijastros, etc.; que yo sea un ejemplo de tu amor eterno. Gracias por tu favor y misericordia. ¡Amén!"

Tenga en cuenta, que el cristianismo no es una religión. Es un estilo de vida de servicio, modelando la vida de Cristo. Los hombres fracasamos, incluso los que tienen o están sirviendo a Dios. Ninguno de nosotros está exento de pecado. El enemigo se asegura de que seamos malos ejemplos.

Mira a Cristo. Él es el ejemplo perfecto. Él nunca ha fallado. Te satisfará como nadie más puede. Él estaba mirando tu futuro. El creyó en ti hasta el punto de que se echó la ira de Dios sobre sí mismo para que tengas la oportunidad de vida eterna. [*1 Pedro 2:24* "*Quien llevó Él mismo nuestros pecados en su cuerpo sobre el madero, para que nosotros, siendo muertos a los pecados, vivamos a la justicia; por las heridas del cual habéis sido sanados".]*

Que Dios lo siga bendiciendo a usted, su hogar y su familia cada día de su vida.

Me encantaría saber de usted.

Por favor envíe sus preguntas o la confirmación de su oración a Dios. Escríbame a riveraju2900@gmail.com. Quiero seguir orando y celebrando cada éxito en su caminar cristiano.

Su amigo y colaborador en Cristo,

José U. Rivera

Pastor José Uriel Rivera Collazo.

HUESO DE MI HUESO y CARNE DE MI CARNE / 20

Introducción

[*2 Timoteo 3:16, 17 "Toda Escritura es inspirada por Dios, y útil para enseñar, para redargüir, para corregir, para instruir en justicia, para que el hombre de Dios sea perfecto, enteramente preparado para toda buena obra."*]

El contenido de este libro es algo que el Espíritu de Dios ha motivado en mí, a escribir por un tiempo. He escrito muchas cosas antes para grupos pequeños, pero nunca en la etapa de publicación para un público más amplio.

He debatido en mi mente, en cuanto en cómo cuantas veces y maneras, se ha escrito un tema de esta naturaleza y por qué mi inspiración, tal vez haría una diferencia. He decidido ser obediente y seguir la guía del Espíritu; este es su trabajo y el conducirá a los necesitados a que procuren el libro.

Hueso de mi hueso y carne de mi carne me vino como una revelación en el estudio de las Escrituras. Vino como resultado de responder a muchas preguntas para parejas activas en el ministerio parejas en lo secular en cuanto a la vida matrimonial, las relaciones familiares y cómo ser un líder eficaz en el hogar y en la iglesia. Las preguntas y sus respuestas siempre me encaminaban volver al principio.

Yo he servido a Dios toda mi vida. Él es mi mentor, amigo, consolador en tiempos de problemas; es mi primera consulta en la oración y su palabra y mi referencia final de respuestas. La Biblia es mi libro de respuestas para mí porque en ella, he descubierto que Dios siempre tiene una respuesta basada en su Plan desde el principio.

La naturaleza pecaminosa interrumpe la manera de pensar y actuar, sobre los desafíos de la vida. El hombre cree que lo sabe todo y continúa tratando de demostrarlo. Utiliza la ciencia en toda su capacidad para descubrir muchos de los misterios. El hombre se olvida que la ciencia es un don de Dios. Todos los elementos de su descubrimiento en el planeta, son puestos allí por el Creador. El descubrimiento, fue intentado para la transformación del hombre natural a su destino eterno, sobrenatural, tal como lo demostró el hijo de Dios, Cristo Jesús.

Por cuanto parece que hemos olvidado nuestro lugar apropiado en el plan original, es tal vez la razón de este libro. Puede que no sea un esfuerzo escolástico o académico empapado con narrativa exquisitamente escogida, más bien, serán verdades aplicadas convenientemente por el Espíritu Santo, a las necesidades del alma inquisitiva. ¿Eres enseñable? Sigue leyendo y déjame saber qué piensas. Lea con una mente abierta y un espíritu dispuesto. Su nuevo estilo de vida está a punto de desplegarse.

TRIUNIDAD

El círculo de la vida de Dios no tiene principio ni tiene fin. La gloria de la eternidad fue compartida solamente por la Triunidad: Padre, Hijo y Espíritu Santo.

Utilizo el término Triunidad porque es la cooperación voluntaria de la naturaleza de Dios, en presentar una identidad a la humanidad, que se relacionaría con la suya, para toda la civilización. Nunca ha sido acerca de cuestionar sus atributos de personalidad, género y propósito. Siempre ha sido acerca de nosotros en relación a él. [*Isaías 29:16 " Vuestra perversión ciertamente será reputada como el barro del alfarero. ¿Acaso la obra dirá de su hacedor: No me hizo; y dirá el vaso de aquel que lo ha formado: No tiene entendimiento?"*]

Usted puede preguntarse "¿Cómo es que llegas a esta conclusión, ya que los teólogos siempre han presentado Trinidad sobre la Triunidad"?

La respuesta es revelada en la Biblia. En la declaración de

Dios, ante la nación de Israel en el "shemA". Tú y yo hemos llegado a conocer esto, en el mundo occidental como [*Deuteronomio 6:4* " *Oye, Israel: Jehová nuestro Dios, Jehová uno es:* "]

En Hebreo está escrito: "shemÁ Yisrael, Yehovah Eloheinu, Yehovah achaD". En esta declaración, Yehovah se refiere a él como "Eloheinu", el creador; o como sabemos, Dios y Señor. En la misma frase se refiere a sí mismo como "achaD" o como uno. Dios por lo tanto es plural en la naturaleza obrando como una sola entidad. Por su ejemplo, somos plurales: Espíritu, alma y cuerpo y trabajamos como una Trinidad de cooperación voluntaria para llevar a cabo el Plan Maestro.

En su Plan Maestro, antes de nuestra existencia, la Trinidad fue la fuerza de la creación; lo que vemos y lo que aún tenemos que ver. Habían creado a poderosos siervos eternos con diferentes rangos, niveles de autoridad y con vida limitada en relación a la Trinidad. El propósito de estos siervos eterno, conocidos como los Querubines, Serafines, Arcángeles y Ángeles, era ayudar en servicio a la Trinidad y a esta nueva creación. Este fue el Plan Maestro.

> En su Plan Maestro, antes de nuestra existencia, la Trinidad fue la fuerza de la creación; lo que vemos y lo que aún tenemos que ver.

El Plan Maestro había incorporado nueva vida y civilizaciones, mundos, galaxias y un camino a la Trinidad. Habría cielos, diversos planos de existencia, luz, oscuridad, elementos por descubrir y la Trina conciencia colectiva, alimentaba el conocimiento y la sabiduría para que este proceso infinito de creación, naciese según el Plan Maestro.

La Triunidad no teniendo ninguna referencia de tiempo, en la eternidad, necesitaba implementar un sistema de gobierno con nuevas reglas. Estas nuevas reglas involucraban el mantenimiento de vida fuera de la Triunidad.

Toda la armonía que los hacia la Triunidad colectiva, tendrían que ser transmitido a esta nueva creación. Tenía que ser dado a luz en amor. Tenía que ser personal. Necesitaba ser un reflejo de la colaboración de la Triunidad. Requería un supervisor. El supervisor debía ser capaz de amar, cuidar y ser responsable de toda vida. Este Señor de la nueva creación necesitaba trascender a esa Trina existencia colectiva. Necesitaba voluntad propia. Debía ser consciente de sí mismo y del resto de la creación. Necesitaba la capacidad de pensamiento independiente con relación a su hábitat creado. Necesitaba entender la vida, amor, relaciones, autoridad, dominio y a su Creador.

Tendría que haber un punto de partida. Un eje céntrico para este Génesis. A esta tarea la Triunidad fijaron su mente como un Dios. Ellos toman en cuenta todas las contingencias presentes y futuras. El Espíritu Santo hace la introducción:

> [*Génesis 1:1, 2 "En el principio creó Dios los cielos y la tierra. Y la tierra estaba desadornada y vacía, y las tinieblas estaban sobre la faz del abismo, y el Espíritu de Dios se movía*

sobre la faz de las aguas.".]

Por lo tanto, el "principio", no tenía un punto de referencia de tiempo porque los marcadores de tiempo no habían sido fijados en su calzada, en el Plan Maestro. En otras palabras, el sol, la luna y las estrellas no habían comenzado su órbita prescrita. Es en este momento, que las palabras del escritor en Génesis describen los eventos generales que conducen a la creación dentro del Plan Maestro:

[*Génesis 1:3, 4 "Y dijo Dios: Sea la luz; y fue la luz. Y vio Dios que la luz era buena; y separó Dios la luz de las tinieblas.".*]

Desde Génesis 1:5-23 vemos a Dios llamando a las cosas a la existencia. Se registran los primeros 5 días de la creación. En el sexto día, sucede algo interesante. Vamos a repasar la cuenta.

EL SEXTO DÍA – TIERRA Y POLVO: DIOS LO TOMA PERSONAL

[Génesis 1:25-31 *"E hizo Dios animales de la tierra según su género, y ganado según su género, y todo animal que se arrastra sobre la tierra según su especie. Y vio Dios que era bueno.*

Y dijo Dios: Hagamos al hombre a nuestra imagen, conforme a nuestra semejanza; y señoree sobre los peces del mar, sobre las aves de los cielos, sobre las bestias, sobe toda la tierra, y sobre todo reptil que se arrastra sobre la tierra. Y creó Dios al hombre a su imagen, a imagen de Dios lo creó; varón y hembra los creó. Y los bendijo Dios; y les dijo Dios: Fructificad y multiplicaos, y henchid la tierra, y sojuzgadla, y señoread sobre los peces del mar, sobre las aves de los cielos y sobre todas las bestias que se mueven sobre la tierra. Y dijo Dios: He aquí que os he dado toda planta que da semilla, que está sobre la faz de toda la tierra; y todo árbol en que hay fruto de árbol que da semilla, os será para comer. Y os he dado a toda bestia de la tierra, y a todas las aves de los cielos, y a todo lo que se mueve sobre la tierra en que hay vida; y toda planta verde les será para comer. Y fue así.

Y vio Dios todo lo que había hecho, y he aquí que era bueno en gran manera. Y fue la tarde y la mañana el día sexto."]

Tierra

Es en el 6to día que Dios se involucra personalmente con su creación. Leemos "*y Dios hizo la bestias de la tierra según su especie*". Dios hizo los animales del planeta y al hombre, de la tierra. Más específicamente del hombre, es hecho del polvo de la tierra. (Más sobre el polvo más adelante).

Todo lo que Dios hace, tiene un patrón y sigue su plan específicamente. Para que algo sea hecho, implica un proceso personal en la mano de obra. Las cosas se hacen por una razón y con propósito. En este caso, todo lo que iba a tener el espíritu de vida de Dios, tenía que ser personal. Sería una parte inherente de Dios, siendo que demostraría su naturaleza y carácter.

> Todo lo que Dios hace, tiene un patrón y sigue su plan específicamente. Para que algo sea hecho, implica un proceso personal en la mano de obra. Las cosas se hacen por una razón y con propósito.

Quien ha hecho algo con sus manos, lo mira con orgullo. La primera pintura o dibujo infantil, un vestido, un pastel o un librero; cualquier persona involucrada con estos y otros proyectos no pretenden cometer errores. Hay propósito, razón, forma, función, diseño y formulación intelectual. Lo quieres hacer bien porque refleja tu realización, es parte de quien tú eres. Dios lo tomó personal.

La participación directa de Dios en el "hacer", demuestra varias cosas. Demuestra que Dios trabaja. Él no está sentado sin hacer nada o permite que otra entidad haga lo que a él le corresponde. Él nos enseña la importancia del trabajo y "hacer". Nos enseña a tomar posesión de nuestras propias decisiones. Según él asume la responsabilidad de cada aspecto de la creación, debemos hacer lo mismo siguiendo su ejemplo.

Vida animal o humana son importantes para Dios. Son personales para él. Dios le dio al señor de esta nueva creación, dominio sobre ella. Dios desaprueba en tomar por muerte, cualquier forma de vida. En la eliminación de cualquier vida, estás lastimando, despreciando, desperdiciando una parte de su Espíritu. Él es la vida dentro de todos los seres creados. Tomar su propia vida o la de otra persona es irreflexiva y falta de respeto a la vida que todos compartimos.

> [1 Corintios 6:19 "¿O ignoráis que vuestro cuerpo es templo del Espíritu Santo que está en vosotros, el cual tenéis de Dios, y no sois vuestros?"]

Una vez que Dios había terminado de hacer los animales, procede a hacer el hombre. Aquí, debemos consultar las escrituras y observar de cerca, cómo la frase se construye gramaticalmente. La importancia reside en todos los diferentes argumentos presentados por expertos, académicos, teólogos y demás. Sólo quiero que veas de lo que yo siento, fue la perspectiva de Dios.

> [*Génesis 1:26, 27 "Y dijo Dios: Hagamos al hombre a nuestra imagen, conforme a nuestra semejanza; y señoree*

sobre los peces del mar, sobre las aves de los cielos, sobre las bestias, sobe toda la tierra, y sobre todo reptil que se arrastra sobre la tierra. Y creó Dios al hombre a su imagen, a imagen de Dios lo creó; varón y hembra los creó."]

"Y dijo Dios..."

Cada vez que veo esta frase, hago una pregunta. Si Dios es tan poderoso, ¿por qué tiene él que "decir"? ¿No podía él hacerlo existir sólo por pura voluntad?

En ese momento el Espíritu Santo, a quien le he dado dominio sobre mi pensamiento humano, responde y dice. Él es Dios y él puede hacer lo que quiere soberanamente. Él llama las cosas a su existencia para el beneficio humano. Por cuanto esto es el principio de todas las cosas creadas, quiere mostrar a la humanidad que la fe es la sustancia de las cosas que se esperan y la demostración de lo que no se ve. Ésta es la ley para el Reino natural.

Llamando a las cosas como son, Dios nos muestra el propósito de la confesión de fe. Como seres humanos podemos pensar en algo y no se materializará porque solamente lo pensamos. Los seres humanos tenemos que hacer una determinación. Tenemos que confesar lo que queremos. Ya sea a través de la oración, súplica, petición o declaración, lo que se declara en voz alta, hace que el Creador trabaje con nuestra fe para hacer que las cosas sucedan. Llamando lo que no se ve, le muestra a Dios, que estamos siguiendo su ejemplo. Dios entonces suelta la sustancia/los recursos, para otorgar nuestra petición.

Nuestra próxima frase es *"Hagamos..."*

Aquí Dios inicia el espíritu de cooperación. La Triunidad está implicada: el "hagamos". No puede ser los siervos eterno creados – es decir, Querubines, Serafines, Arcángeles o Ángeles porque, de hecho, ellos son seres creados. El Plan Maestro llama para que la Triunidad desarrolle el Plan Maestro.

La subsiguiente frase es *"al hombre a nuestra imagen..."*

La palabra imagen, evoca todo tipo de controversias porque nuestras mentes están entrenadas para pensar en una forma carnal o espiritualizada. ¡Aviso, no estoy diciendo espiritual! Si Dios está hablando como la Triunidad colectiva, ¿de qué imagen está él hablando? Ciertamente que no nos parecemos o actuamos como dioses. Aunque hay unos seres humanos egoístas, que le gustaría nada más, que tener el poder de Dios para formar una dictadura o algún esquema auto-grandioso y subyugar a la humanidad que les adoren a sus pies. (Por cierto, esta estrategia fue puesta a prueba ya en el cielo y no se pudo).

El término "imagen" para mí, en este caso, se referiría al diseño y la imaginación de Dios. Nadie ha visto jamás a Dios. ¿Por qué pondría Dios su imagen en un ser menos que él?

Tenga en cuenta que la Triunidad tiene un Plan Maestro. En cuanto se refiere a la humanidad, la omnisciencia de Dios previó toda contingencia. Para hacer el hombre, la Triunidad no sólo pensó en el presente, tomó en cuenta el futuro. La creación de Dios era buena. Dios sabía de la eventual caída del hombre. Su plan de contingencia incluía la redención y restauración. Como resultado, la imagen puesta sobre el hombre, era la de un alma viviente. No cualquier alma, pero la imagen (los rasgos y características) de su Hijo. La forma del ser humano, sería la de un templo que hablaba y caminaba. Finalmente sería la morada temporal de la Triunidad. Sería la forma de identificación personal con el dolor, la tristeza, el amor y cada manifestación carnal que tendría que ser redimida y restaurada. La imagen tenía que ser hecha de la tierra para redimir el planeta, la humanidad y los animales. Era necesario tener un alma divina para la eventual redención de todas las almas por medio de Cristo. La imagen tenía que ser perfecta y vio Dios que era bueno.

La próxima frase es *"nuestra semejanza…"*

Para mí, esto significa simplemente, todo lo que le gusta a la Triunidad y lo que no le gusta. Si este hombre iba a ser el representante de la Triunidad en esta nueva creación según el Plan Maestro, el necesitaba personificar su Creador. En este universo cuatro-dimensional, el hombre seria conforme a semejanza de la Triunidad (Dios). No como Dios; a semejanza de Dios.

"y señoree…" Como en el universo eterno de la Triunidad, todo se ajusta a su dominio, por lo que, en este universo creado, al hombre y la mujer se les dio dominio sobre él.

Así pues *"Y creó Dios al hombre a su imagen, a imagen de Dios lo creó; varón y hembra los creó."*.

Polvo

[Génesis 2:7 "Formó, pues, Jehová Dios al hombre del polvo

de la tierra, y sopló en su nariz aliento de vida; y fue el hombre un alma viviente.".]

Según hemos podido leer anteriormente, vemos a Dios como la Triunidad crear los animales, todo lo que se arrastra sobre y en la tierra, sobrevuela o vive debajo del agua. Incluso dice que creó al hombre y la mujer y les dio dominio.

¿Por qué entonces, en el capítulo 2 de Génesis, Dios hace mención que hizo al hombre del polvo de la tierra? Es una pregunta desconcertante y una que necesita respuesta. De hecho, estaremos mirando a tres perspectivas del verso citado anteriormente.

En la literatura judía, encontramos que a menudo las cosas se repiten hacia atrás y hacia adelante e incluso dos o tres veces. He llegado a entender al hablar con un maestro judío, que la repetición ayuda a la memoria y por eso en el libro de los Salmos, similar a la manera que escribimos música hoy, las líneas se repiten para recordar la canción o que su significado sea más claro.

Es mi creencia de que los dos primeros capítulos del Génesis nos presentan un resumen de la creación. En el capítulo uno, un esquema abreviado y un esbozo más detallado en el capítulo 2. Vemos un patrón similar en el libro de Apocalipsis, capítulos 1 y 2.

El Hombre

La primera frase - *"Formó, pues, Jehová Dios al hombre del polvo de la tierra."* Entonces, ¿por qué el polvo de la tierra?

Tenemos polvo sobre todas las cosas en nuestra vida diaria. Todos pagamos muy caro para la limpieza de la misma. Incluso le hemos dado nombre de cariño tal como "conejitos del polvo". ¿Qué es tan intrigante sobre polvo, que incluso, Dios lo utiliza para crear al hombre? Dios tendría una buena razón para permitir que el escritor de Génesis utilizara este término. Tenía que haber alguna importancia para el lector. ¿Qué nos está enseñando Dios desde el principio?

El polvo no hace más que acumularse. El polvo sólo descansa en su lugar. El polvo se activa solo cuando algún tipo de presión de aire actúa sobre él.

Tenemos una tendencia a soplar con la respiración o en la sociedad actual con aire enlatado o vacío inverso como soplador. No nos gusta cuando estamos limpiando y una ráfaga de viento o alguien pasa por medio del polvo acumulado y nos ruina el hermoso trabajo de limpieza que se realizó.

¿Usted está consiguiendo la imagen todavía? El polvo está vivo sólo cuando recibe una bocanada de aire. En otras palabras, el hombre tenía que entender que como fue hecho del polvo de la tierra, su vida, se limitaría a la activa fuerza de vida de Dios (su espíritu), para poder vivir. Si fueras a golpear un lugar polvoriento, en un sentido el polvo dormante cobra vida, se esparciría y regaría por todas partes. En unos momentos el polvo se asentaría de nuevo en algún lugar, hasta que se activara otra vez. Por lo tanto, el señor creado para este nuevo mundo, entendería que su cuerpo era polvo. Se levantaría como polvo y reposaría como el polvo en su estado latente.

> [*Génesis 3:19 "Con el sudor de tu frente comerás el pan hasta que vuelvas a la tierra; porque de ella fuiste tomado; pues polvo eres, y al polvo volverás."*]

Dios incluso, usó polvo para crear los piojos. [*Éxodo 8:17 "…y Aarón extendió su mano con su vara, y golpeó el polvo de la tierra, el cual se volvió piojos, así en los hombres como en las bestias; todo el polvo de la tierra se volvió piojos en todo el país de Egipto."*]

El polvo sería un perpetuo recordatorio para el hombre, de que su cuerpo físico fue hecho y activado como el polvo de la tierra. Del polvo fue echo y al polvo volvería.

> [*Job 34:15 "toda carne perecería juntamente, y el hombre se tornaría en polvo."*]

> [*Eclesiastés 12:7 "y el polvo vuelva a la tierra, como era, y el espíritu vuelva a Dios que lo dio."*]

Continuando con el versículo anterior (Génesis 2:7), llegamos a la segunda de las tres frases con la implicación personal de Dios en hacer el hombre: *"sopló en su nariz aliento de vida…"*

¿Por qué es que este Trino Dios respira sobre este cuerpo terrenal y específicamente a través de las fosas nasales? Como Dios, él podría tan sólo agitar su mano o algún otro gesto, para traer el hombre a la vida.

Creo que la respuesta a la pregunta, vuelve al amor de Dios por toda vida creada y su relación personal, con el hombre que estaba creando. Para respirar en el hombre, significa que este proceso de respiración era especial. Todas las demás formas de creación ya estaban respirando y vivas por el mandato de Dios. Este acto fue una demostración de favor y gracia de Dios. Era una impartición personal del ADN de Dios.

ADN ESPIRITUAL

Deténgase a pensar en ello. Si usted como un ser humano, enfermo de algo contagioso, respira sobre alguien, las posibilidades de esa persona contaminarse con sus bacterias, sería altamente probable. En el caso del Trino Dios, el soplo de respiración fue intencional. El orificio de respiración, (la fosa nasal) necesitaba ser activado. El resto de los órganos en el hombre también necesitaban recibir el oxígeno necesario para el tejido vivo. Cada célula del cuerpo necesitaba activación. Incluso, respiración artificial se practica de boca a boca.

Dios no estaba solamente haciendo un hombre, estaba haciendo a alguien que lo representaría a él en esta nueva creación.

El hombre interior fue infundido con el ADN espiritual de Dios. ADN espiritual no puede verse a simple vista. No puede ser descubierto a través de la química. No se puede distinguir por la luz natural o artificial. Es la esencia de Dios. Sólo Dios lo puede detectar como resuena con su frecuencia. Es como un diapasón. Se detecta por el Espíritu Santo quien por su propia oscilación puede hacer la distinción armónica en todos los seres humanos. Lo tiene todo ser humano que ha nacido a través del hombre. Es el identificador con la divinidad y se manifiesta en la adoración verdadera del Espíritu y en verdad. Esta manifestación es el alma. Es la eterna conciencia que esta preservada por Dios para su deleite, en la trascendencia del hombre de la muerte física a la vida eterna en él.

> Dios no estaba solamente haciendo un hombre, estaba haciendo a alguien que lo representaría a él en esta nueva creación.

Al tener una naturaleza divina del ADN espiritual de Dios, el hombre se convierte en un ser viviente. Dentro del cascaron de tierra, había sido depositado el potencial de trascendencia entre su mundo físico creado y el universo de Dios. El mapa de la ruta al cielo fue incrustado en el ADN del hombre.

El aliento de Dios fue su firma sobre y en el hombre. Dios depositó todo lo que el hombre necesitaría dentro y por fuera, para manifestar la misma naturaleza como Dios. El hombre fue infundido con el ADN de Dios. Como hombre, que tiene las características de Dios, él le debe su existencia al Trino Dios. Cada célula de su cuerpo estaba dotada de instrucción espiritual y divina. En el cuerpo creado, un día habitaría el Hijo de Dios. Ese cuerpo en su forma física, fue intentado para comprender y dominar todas las emociones y sentimientos inherentes en el mismo Dios. Como el primero de su tipo, el hombre era perfecto en todo sentido. ¡Tenía que ser! En él estaba la semilla para todas las generaciones futuras de su clase. Al igual que cada planta, árbol, insecto, animal encima, debajo o en el agua, tenía semillas para multiplicar y enriquecer la creación nueva de Dios, así lo hizo también con el hombre. El salmista lo presenta de esta manera: [*Salmo 139:13-16 "Porque tú formaste mis riñones; me cubriste en el vientre de mi madre. Te alabaré, porque formidable y maravillosamente me formaste; maravillosas son tus obras, y mi alma lo sabe muy bien. No fue encubierto de ti mi cuerpo, bien que en oculto fui formado, y entretejido en lo más profundo de la tierra. Mi embrión vieron tus ojos, y en tu libro estaban escritas todas aquellas cosas que fueron luego formadas, sin faltar una de ellas."*]

> El aliento de Dios fue su firma sobre y en el hombre. Dios depositó todo lo que el hombre necesitaría dentro y por fuera, para manifestar la misma naturaleza como Dios.

La tercera frase en Génesis 2:7 *"...y fue el hombre un alma viviente."*

Como dije antes, Dios deposita todo lo que el hombre necesitaría por dentro y por fuera para poder manifestar la misma naturaleza como Dios. Cada célula de su cuerpo estaba dotada de instrucción espiritual y divina. Como el hombre fue instruido y enseñado por el Creador, en relación con el aprendizaje y el almacenamiento de toda la información, el cerebro se convirtió en el almacén de este conocimiento espiritual, divino y ahora práctico, para el reino terrenal que estaba a punto de heredar.

HUESO DE MI HUESO y CARNE DE MI CARNE / 40

COMPRENSIÓN EN LAS RELACIONES

La influencia directa al hombre, con Dios como su maestro, presentaba el modelo divino para la relación padre/hijo. El resto de la naturaleza tomó nota sobre esta relación. El hombre se estaba preparando para convertirse en señor del universo creado. El Padre se estaba asegurando de que su hijo entendiese la naturaleza de la responsabilidad, en amor y armonía para todas las cosas creadas. El hombre fue introducido por el Trino Dios a los otros seres; los Querubines, Serafines, Arcángeles y Ángeles

El hombre fue entrenado en todos los aspectos de las ciencias. Él necesita saber sobre lenguaje y comunicación, luz, oscuridad, las estaciones, tiempo, plantas, animales, música, arte, colores, las constelaciones, el respeto a su creador y todas las demás formas de vida. La imagen de Dios fue prensada todos los días por las acciones y patrones de conducta de Dios mismo. El estilo de vida de responsabilidad fue grabado en su alma y en el intelecto del hombre. Fue presentado en el amor y nunca con miedo.

Verdad era habitual todos los días de existencia. Hubo transparencia entre el Dios Trino y el hombre. No había nada que ocultar.

DIOS EL JARDINERO

[*Génesis 2:8 "Y Jehová Dios plantó un huerto en Edén, al oriente, y puso allí al hombre que había formado."*]

¿Con qué frecuencia en sermones o enseñanzas este versículo se ha pasado por alto por lo obvio? ¡El Trino Dios planta un jardín!

Puede parecer insignificante para muchos, pero me parece interesante que, de todos los lugares en la Biblia, es en Génesis, que Dios se convierte en un jardinero. Incluso, antes de entregar dominio completo al hombre del nuevo universo creado, Dios planta un jardín. ¿Por qué?

> ¡Dios es un hacedor! Dios ha estado trabajando desde el principio. Es honorable y bueno para el hombre entender que el trabajo es parte de la vida.

Se nos ha presentado en nuestra vida cristiana, con una imagen de este omnipotente Trino Dios que sólo parece sentarse en su trono como el alto ejecutivo de una corporación, y todo lo que hace es escuchar nuestras oraciones y ordenar a los ángeles alrededor para que ejecuten sus órdenes. Sin embargo, aquí lo podemos ver en un acercamiento manual. La lección que se enseña no puede ser pasada por alto. ¡Dios es un hacedor! Dios ha estado trabajando desde el principio. Es honorable y bueno para el hombre entender que el trabajo es parte de la vida. Esto es un modelo para el hombre. Un punto de referencia sobre la siembra y el cuidado del planeta que nos dieron como herencia, a través del hombre.

En mi imaginación, puedo ver a Dios pensando en su jardín. ¿Debe ser un jardín de flores? ¿Debe ser un huerto? ¿Qué tipo de jardín? ¿Qué propósito serviría? Piensa acerca de la ubicación. Requiere buena tierra, agua, luz solar y las mejores plantas para el jardín. Siendo Dios, él hubiera pensado sobre todas las condiciones y situaciones para su jardín.

El propósito para el jardín habría sido un micro mundo para el hombre aprender y apreciar la Biosfera ecológica que más tarde sería su señorío. Aquí el hombre habría sido enseñado en el proceso de riego, fotosíntesis, polinización, enredaderas, arbustos, flores y árboles. El hombre aprendería sobre los patrones climáticos y cómo afectaría a plantas y la vida animal; Cómo las semillas eran necesarias para propagar la especie; Qué plantas eran buenas para sanar y para condimentar alimentos. El hombre aprendería sobre la invasión de otras plantas como las malezas, cardos y arbustos espinosos. Necesitaría saber sobre soporte para árboles y plantas frutales y cómo controlar las plantas en adelantarse el lugar de las demás.

En este jardín hombre aprendería sobre la perfecta simbiosis de plantas, insectos y la interacción de otra vida animal que depende de su cuidado y mantenimiento. Lecciones interminables que serían necesarias para cuidar de un planeta y más allá. La principal lección fue que el planeta le proporcionaría a hombre con todo lo necesario para sostener su vida, pero que necesitaba trabajarlo. Una vez que el hombre entiende la responsabilidad de trabajar el jardín, Dios le dice [*Génesis 2:16 "Y mandó Jehová Dios al hombre, diciendo: De todo árbol del huerto comerás."*]. Era como si le dijera, debes trabajar para comer y sostener el templo que encierra tu alma.

Y Dios tuvo su jardín perfecto. Estoy seguro de que él iba a él cada día y comprobaba la vida vegetal y animal. Hablaba con las plantas. Hablaba con los animales. Se regocijaba en las bellas flores y sus colores vibrantes. Con cada estación era un constante cambio de color; nueva vida. Él meditaba sobre cómo este jardín eventualmente se propagaría por todo el planeta con el hombre guiándolo según el Plan Maestro. Qué alegría de finalmente ver al hombre y su compañera caminando alrededor del jardín; Qué grandes conversaciones y sesiones de aprendizaje tendría lugar; ¿Qué preguntas el hombre decide preguntar? ¿Qué sucedería cuando el hombre descubriera a su primer hijo? ¡Un momento emocionante!

Dios estaba deseando compartir su jardín y sus beneficios con el hombre. Este jardín sería el modelo para la eventual comunión entre el hombre natural y el eterno Dios. Sería el legado de Dios para su propio hijo. Sería el paraíso. Dios colocó al hombre que el formó, en el jardín. [*Génesis 2:15*

HUESO DE MI HUESO y CARNE DE MI CARNE / 46

"Tomó, pues, Jehová Dios al hombre, y le puso en el huerto de Edén, para que lo labrara y lo guardase."]

¿QUÉ HAY EN UN NOMBRE?

[*Génesis 2:19 "Formó, pues, Jehová Dios de la tierra toda bestia del campo, y toda ave de los cielos, y las trajo a Adán, para que viese cómo les había de llamar; y de la manera que Adán llamó a los animales vivientes, ése es su nombre."*]

El hombre fue creado. Fue colocado en el jardín. Ahora tenemos un evento interesante que parece estar fuera de contexto en la narrativa. Dios trae los animales al hombre para nombrarlos sólo a ser seguido por una expresión de "*no es bueno para el hombre estar solo.*"

¿Cuál sería el propósito de Dios traer los animales al hombre para nombrarlos? ¿No sería justo que el hombre también tuviera un nombre?

Dios llama las cosas a la existencia nombrándolas. De esto podemos determinar que el nombrar las cosas pertenece a la misma ley del proceso creativo. Hoy lo hacemos con cualquier idea creativa u objeto que forjamos. Nombres, le dan autoridad al donante, sobre el receptor del nombre.

> Dios llama las cosas a la existencia nombrándolas. De esto podemos determinar que el nombrar las cosas pertenece a la misma ley del proceso creativo.

En la interpretación Inglesa de la Biblia, recogemos el nombre del hombre como Adán. El nombre parece ser un derivado de la palabra hebrea para la tierra. La palabra tierra es 'adamah – (ad-aw-mah). Hasta de mirar la ortografía de la palabra, puedes ver el nombre de 'Adám' en sus letras. Por eso en algunas traducciones de la Biblia, en Génesis 1:27 leería *"Hagamos al hombre o Adam"* en nuestra propia imagen. El nombre aplicado, iba a ser para el hombre, una referencia en recordar sus orígenes. Como en el caso de polvo, esto le recordaría al hombre acerca de cómo el cuerpo físico volvería al polvo. Igual, el nombre aplicado de Adán le recordaría lo que tenía en común con el resto del universo creado. Su cuerpo físico era uno con la tierra, plantas y animales, todos, en la misma relación simbiótica. La diferencia importante de Adán con la demás creación fue, que, en su interior, él llevaba el ADN divino y un destino espiritual de trascendencia, más allá de la vida de plantas y animales: su alma.

Una vez más, el razonamiento colectivo de la Triunidad, previó la eventual devastación del planeta a través de la naturaleza pecaminosa y preparo antes del tiempo, su redención y restauración. ¿Cómo así? En haber hecho el hombre de la tierra y darle el nombre de Adán, le hizo señor de la nueva creación, lo hizo su aliado, su cuidador. Se le dio el derecho inherente de título a la tierra. Él vino de ella, él era uno con ella. Todo lo que le sucedería al hombre, le sucedería a la tierra. Si el hombre era bueno, la tierra era buena. Si era corrupto, la tierra se corrompería. Sólo el hombre podría redimir y restaurar el planeta.

El hombre natural, una vez dañado, no tendría el poder de redimir o recuperar el planeta. La Triunidad habiendo previsto esta situación, finalmente permitiría que el "segundo Adán" o la semilla de Adán (es decir, el Hijo de Dios, Cristo Jesús), teniendo una naturaleza divina, a que naciese por medio de la descendencia de Adán. Por cuanto Jesús sería verdaderamente divino y verdaderamente humano, su sacrificio redimiría a la humanidad y el planeta. Solo Jesús, sería capaz de redimir y restaurar el planeta a su estado original de jardín, como estaba previsto por Dios.

El nombramiento de Adán tenía que ver con su dominio. Nombrándole Adán, Dios le había dado el poder y dominio sobre el universo creado. La naturaleza tenía que ver por sí misma, que este hombre que se hizo de la tierra, tenía la autoridad para definir su destino y propósito. Dios respeta en Adam la capacitación y educación suministrada por él, para hacer lo correcto. Ello no implicaba que Adán gobernaría solo. Dios todavía estaría allí como entrenador y mentor. Después de todo, no existe sustituto para la experiencia; Dios la tenía toda. Todo lo que Adán tenía que hacer, era llamar a Dios Padre para asistencia y él estaría allí. Aquí y ahora, al nombrar los animales, Adán comprobaba su derecho de señorío sobre el recién creado universo de Dios.

Creo que hay otra razón por qué, Dios trae los animales para que Adán los nombre. Es que Dios siempre está preparando el camino para nosotros. Incluso, aun cuando nosotros ni siquiera lo pensamos. Esa es su naturaleza en amar.

Solía ser en las generaciones pasadas, cuando el marido y su mujer estaban esperando un hijo, si un hombre no podría pagarlo, él haría una cuna para el niño esperado. No importaba el género. Los padres harían disposición previa para el niño. Según creciera el niño, los padres siempre harían provisión para cada necesidad que pudieran en base a su propia experiencia. A pesar de que el niño seguiría creciendo hasta ser un adulto, los padres hicieron provisiones para aquellas situaciones en la vida que él o ella no pudo haber pensado.

Dios trajo los animales al hombre para que no sólo los nombrara, les diera propósito y destino, como él mismo había recibido, pero también para establecer un estado de relación. El nombramiento de los animales le daría la autoridad a Adán sobre ellos. Hoy en día nombramos a nuestras mascotas. Sea que estén vivas o artificial; incluso imaginarios, le damos a nuestras mascotas nombres. Le damos nombres a barcos, carros, bicicletas y un sinfín de otras cosas inanimadas. Los nombres son una forma de identificar propiedad y de relacionarnos. Puede ser extraño para mí decirlo, pero nadie de nosotros sabe realmente su verdadero nombre. Sabemos lo que nos llaman (a veces de manera no agradable). Sólo Dios respondió "*Yo soy el que soy*". Vemos a Dios y a Jesús cambiando nombres humanos para que el verdadero destino y propósito del individuo se alineen con el llamado divino en sus vidas; es decir, Abram a Abraham, Saraí a Sara, Jacob a Israel, Simón a Pedro, Saulo a Pablo, etc.

En la sociedad actual parece que un nombre es dado a base de ascendencia o en honor a alguna deidad. Hemos perdido la relación con Dios. Terminamos por sustituir el destino de Dios y propósito para los niños, mediante la sustitución de lo que creemos que es un nombre bonito. Amarramos la capacidad del niño para soñar y crecer, cuando no se define su destino divino dentro de su nombre. ¡Qué vergüenza! Piensa, si Dios no había cambiado el nombre de Abram a Abraham, nunca habrían sido bendecidos como nación. ¡Hay poder en un nombre! Existe relación en un nombre. Hay propósito y destino en un nombre.

Adán cumple con el mandato de Dios para dar nombre a los animales. El Sr. y la Sra. Caballo ahora sabían que eran destinados uno para el otro; El Sr. y la Sra. Ganso despegaron en vuelo. El Sr. y la Sra. Ballena nadaban. Macho y hembra era su género respectivamente. Tenía que ser así porque sin el orden de Dios, no habrían sido capaces de multiplicar y enriquecer el planeta. Las plantas lo entendían. Ahora lo entendían los animales. Adán le era necesario entenderlo. Los animales aceptaron su propósito y destino, así como su compromiso uno al otro para toda la vida.

HUESO DE MI HUESO y CARNE DE MI CARNE / 52

ESTAR SOLO NO ES BUENO

[*Génesis 2:18 "Y dijo Jehová Dios: No es bueno que el hombre esté solo; le haré ayuda idónea para él."*]

En realidad, Adán nunca estaba solo. Tenía al Trino Dios, los ejércitos celestiales, animales, aves, peces y plantas. Adán estaba solo, por el hecho de que él era el único de su especie. Al haber terminado su Plan Maestro para la creación, Adán es colocado como señor de la nueva creación. No había nadie de su especie para compartir este maravilloso mundo nuevo. Interacción social, el atractivo de los sentidos, comunicación, relación con su propia clase, exigía otra como Adán. En la mente del Trino Dios, él había previsto este momento. La declaración de Dios de estar solo, fue para que el resto de la creación entendiera que habría otros, tipo de Adán.

Dios sabe que Adán entiende relación y lo que significa tener una pareja para toda la vida. Viendo que el hombre es capaz de tomar dominio y administración del universo creado él, declara que "*No es bueno para el hombre estar solo*". Un Dios Trino dentro de su ser, entendía desde el principio, lo que es relación. Él no permitiría que la soledad destruyera su creación perfecta. Una cultura de uno perece dentro de sí misma. El propósito de Dios para la creación fue la extensión de la Triunidad en un universo siempre viviente y en evolución de vida; un paraíso cambiante del color, belleza, armonía y una vida en amor, como existía entre el Padre, Hijo y Espíritu Santo.

Dios ve que todo lo que ha creado es muy bueno. El hombre puede realizar ahora la responsabilidad por la cual el él había sido diseñado. Dios toma un descanso en el séptimo día y lo bendice.

El reposo de Dios no era un día de PTO (tiempo libre pagado); tampoco fue un día de vacaciones. Fue una lección para el hombre. Si usted trabaja, usted debe descansar. Su cuerpo necesita recuperarse de la actividad diaria y la mente necesita un ambiente tranquilo para procesar. Las plantas y animales lo entendían y para el hombre era necesario entenderlo. Por lo tanto, Dios es el ejemplo. ¡Un padre muy sabio!

El reposo de Dios representaba también un tiempo de descanso eterno. Cuando terminara la vida del hombre, habría un descanso. La tierra necesitaba descansar. El descanso es una bendición de Dios. Por esta razón el séptimo día fue bendecido. Se convirtió en un símbolo de trascendencia. Allanó el camino para un nuevo empezar; un nuevo comienzo; ideas frescas; una nueva perspectiva. Sin descanso, degradación entra en juego. Dios nunca establecería un mal ejemplo para su creación. El reposo le dio a Dios la oportunidad de reflexión y supervisión tranquila. El hombre correría el espectáculo, pero el Dios soberano, todavía estaba en control.

HUESO DE MI HUESO y CARNE DE MI CARNE / 56

UNA PROMESA DE AYUDA

[Génesis 2:18 *"Y dijo Jehová Dios: No es bueno que el hombre esté solo; le haré ayuda idónea para él."*]

Adán era único. Él fue el primero. Adán fue hecho por Dios, para Dios. Adán no tenía una "madre" tal como la conocemos. Todas las referencias que tenía de lo que una madre debe ser, fue demostrado por la Triunidad. No hubo realmente ninguna influencia de género porque no había una. Eso vendría más adelante.

El Plan Maestro requería que Adán estuviera preparado en todos los aspectos de su señorío. Como Dios había sido el Padre y el Espíritu Santo la madre, la paternidad y maternidad eventualmente vendría a través de él.

El Trino Dios vio de un principio lo que Adán podía hacer. Con Dios como su mentor, él era capaz de cuidar el jardín. Era capaz de cuidar los animales. Entendió el tiempo, las estaciones, relaciones, respeto, amor, autoridad y el valor de la vida. Sin embargo, había una lección que Adán necesitaba aprender, que sería su culminación. Necesitaba aprender que, siendo señor y administrador de esta nueva creación, no era un trabajo para un solo hombre. Él no era Dios. Adán necesitaba aprender sobre cooperación, intimidad, familia, ser un esposo, padre, ser sacerdote y ser un modelo a seguir, para las generaciones que aún estaban por nacer.

Para las lecciones que debían ser aprendidas por Adán en su siguiente fase de desarrollo, el trino Dios declara que "*no es bueno para el hombre estar solo.*"

Cuando leí este versículo y lo comparé a Génesis 1:26, noté la diferencia en la construcción gramatical entre estos dos versículos. En ese primer versículo, dice "*hagamos*". Era la esencia colectiva de la Triunidad que debían estar de acuerdo, para la creación del hombre. Por el contrario, en el versículo que estamos debatiendo (Génesis 2:18), la declaración dice que "*le haré ayuda*". ¿Pedí el Espíritu Santo por una distinción tan marcada en las declaraciones? Él me respondió diciendo "*porque quería ser el padre de la novia.*" Me sentí humillado, asombrado y privilegiado de haber recibido tal revelación.

Tenía perfecto sentido. El Dios Trino estaba viendo el futuro desde su punto de vista. Tal como creo el cuerpo del hombre, él estaba mirando a la futura morada de su Hijo Jesucristo, Dios estaba mirando a la futura representación de la novia (la iglesia), para su hijo. ¿No es Dios asombroso y maravilloso?

Dios quiso darle una ayudante como su compañera. Dios no estaba a punto de crear otro ser para Adán. ¡Todo lo que

Dios había creado llamó BUENO! Adán había venido de la voluntad de Dios por diseño y propósito. Su referencia de identidad fue "*Soy de Dios*" o "*vengo, existo porque me hizo*".

Dios estaba a punto de hacer algo en la vida de Adán que iba a poner la creación a un nivel personal. Como él fue hecho por Dios, ahora Dios iba a hacerle una ayudante que provenía de él (Adán).

Adán tenía todo lo que Dios necesitaría para hacer su ayudante. Tomando algo de Adán, Dios sabía que el hombre siempre se sentiría incompleto porque algo le faltaría a él. Cuando pierdes algo, lo procuras, lo buscas. No estarás satisfecho hasta que lo encuentres. Al igual que como Adán había provenido de Dios, ahora su ayuda idónea vendría de Adán.

En el proceso de preparar la ayudante de Adán, Dios toma de Adán lo que era necesario para que físicamente, emocionalmente e intelectualmente esta ayuda idónea comprendiera la relación de las necesidades emocionales, físicas e intelectuales de su ayudante. ¿Cómo entendería el hombre esta relación? Porque su ayudante, era una parte interna de quien él era como un hombre.

La comprensión del hombre en cuanto a su relación, preparaba el camino para Jesús y la iglesia. La iglesia es una parte de Jesús. Él le dio a luz a ella. Por esta razón, toda relación de los hijos de Dios con la iglesia, tiene su fundamento en familia. Todo lo que el hombre ha hecho para romper la familia, nos priva de nuestra relación con Dios el Padre, Jesús y su Iglesia.

HUESO DE MI HUESO y CARNE DE MI CARNE / 60

UN PROCEDIMIENTO QUIRÚRGICO REALIZADO POR DR. DIOS

[*Génesis 2:21, 22 "Y Jehová Dios hizo caer sueño profundo sobre Adán, y se quedó dormido; entonces tomó una de sus costillas, y cerró la carne en su lugar; Y de la costilla que Jehová Dios tomó del hombre, hizo una mujer, y la trajo al hombre."*]

Dios entiende el dolor. Él es el autor de esta sensación de incomodidad en la vida del hombre. Esto no debería venir como sorpresa para cualquiera. Cuando fuimos creados, cada sensación en nuestro ser fue colocada allí por Dios por una razón. ¡Usted puede decir "yo pudiera haber estado mejor sin dolor!" Siendo así, habría faltado experimentar la felicidad. Por cada sentimiento negativo hay una sensación opuesta y positiva. Los sentimientos que cultivamos la mayor parte del tiempo, son los que revelan nuestra naturaleza y carácter, a la gente. Sin la Triunidad, para ayudar en el manejo de estos sentimientos, el hombre por sí mismo no sería capaz de entender los diferentes matices de su manifestación. Por esta razón, el hombre siempre necesita a Dios a su lado. El arrebato incontrolable de cualquier emoción, pone la vida del hombre y la vida de los demás en peligro. Dios puso la química en nuestros cuerpos y a través de su ADN, dio las instrucciones adecuadas, almacenadas en nuestro cerebro, para la dosis necesaria en procurar un resultado equilibrado.

Con tal comprensión de los sentimientos, Dios pone al hombre en un sueño profundo para poder continuar con el siguiente proceso de desarrollo del hombre. Adán estaba a punto de recibir un regalo de Dios. [*Santiago 1:17 "Toda buena dadiva y todo don perfecto desciende de lo alto, del Padre de las luces, en el cual no hay mudanza, ni sombra de variación."*] Entiendo que este sueño profundo, es como un paciente que se somete a cirugía. El médico y la familia, prefieren que el paciente esté lo más cómodo posible, durante una experiencia muy dolorosa. En el caso de Adán, era el amor, la gracia y la misericordia de Dios que lo colocaron en un estado anestésico. Del todo vivo, pero no participando en el proceso de su dolor carnal.

Cuando Dios realiza este procedimiento, es muy simbólico. En cierto sentido, el hombre está a punto de dar a luz a su esposa con la ayuda de Dios. Podríamos exagerar esta metáfora por traer a la mente la epidural anestésica dada a una mujer antes de entrar en dolores de parto. El hombre está vivo, en un sueño profundo y Dios está a punto de hacer una incisión sobre la caja torácica y no se siente dolor.

Ha habido muchas historias en cuanto al por qué, Dios escogió el hueso de la costilla de Adán para hacer su ayuda idónea, pero por el momento, voy a revelar lo que el

Espíritu Santo ha puesto en mi corazón. Dios extrae la costilla y sella la carne en su lugar otra vez.

La Biblia no da detalles en cuanto a la costilla; si era de la izquierda o de la derecha de la caja torácica. Las escrituras no hacen mención ni si era de la caja torácica inferior, superior o media. Si inspeccionamos incluso el hombre, no podemos encontrar cualquier hueso que le falte de la caja torácica. ¿Cuál es la importancia sobre el hueso?

Voy a ser sobre simplista en mi explicación, porque la anatomía es mejor dejarla en manos de los profesionales, que pueden explicar los detalles mejor que yo. La médula ósea, es el lugar donde se producen los elementos celulares de la sangre. Es la fuente para el tratamiento de las células de cáncer y otras condiciones humanas. Creo que Dios usó la costilla para obtener el ADN de Adam y hacerle su compañera. No había otros seres humanos. Adán fue el primero. La ayuda idónea de Adán tenía que ser su complemento perfecto. Dios sabía que la mejor manera de lograrlo, era del genoma de Adán. La diferencia de género necesitaba establecerse y extrayendo el ADN del hombre, Dios lo hace posible.

Siendo Adán el primer hombre, todos los elementos de reproducción estaban en su genoma. El cromosoma XX era una parte de él. En la creación de la ayuda idónea Dios transfiere el cromosoma XX para la hembra tomando una parte del cromosoma XX del hombre y dejando en él sólo el cromosoma XY. (El hombre no pierde la costilla, más bien proporciona el contenido de la costilla, la médula ósea, de manera que Dios pueda hacerle su compañera.) En lo divino, así como en la naturaleza humana, el hombre haría la determinación del sexo del bebé. Sin embargo, el hombre no puede hacerlo solo. Se necesita la mujer para contribuir a uno de sus genes X y el sexo es determinado. Dios decidió hacer al hombre primero y luego la ayuda idónea. Así que, en lo natural, es el hombre a través de su contribución de un gene X o Y a la contribución de la mujer de su gene X, que determina el sexo del niño.

En resumen, Dios no estaba a punto de crear otro ser para Adán. ¡Todo lo que Dios había creado, él lo llamó BUENO! Adán tenía todo lo bueno que Dios necesitaba para hacer su ayudante. Tomando algo de Adán, Dios sabía que el hombre siempre se sentiría incompleto, porque algo le faltaba. Cuando pierdes algo, lo buscas; lo procuras. No te sentirás satisfecho hasta que lo encuentres.

En preparar la ayudante de Adán, Dios tomó de él lo que era necesario para que él comprendiera físicamente, emocionalmente e intelectualmente esta nueva relación. ¿Cómo es que el hombre comprendería esta relación? Porque la ayudante es creada de una parte interna, de lo que él era, como un hombre.

Tomando la costilla de Adán, Dios "extracta" de la médula ósea de la costilla, la información requerida del cromosoma que era necesario para cumplir con la ayuda idónea que Adam requería. El hombre ya no necesitaba el gene "XX". Dios lo toma y lo hace "XY". Luego introduce el cromosoma "XX" a la ayudante. El hombre ahora es incompleto sin su ayudante. Él siempre tendrá su compañera. La mujer es el complemento del hombre.

Al hombre no le falta una costilla. Le falta parte de su ADN el cual se encuentra en la mujer. Ahora él es capaz de completar el mandato con su ayudante, de multiplicar y enriquecer la tierra.

HUESO DE MI HUESO y CARNE DE MI CARNE / 66

EL HACER A UNA MUJER

Tener un destino es tener un futuro. Es tener una meta para saber a dónde se dirige. Esto significa que usted tiene propósito.

Este era el papel de la ayuda idónea. No era sólo un accesorio para el hombre, o su rol en esta nueva creación. El Dios Trino no trae nada a la existencia sin una comprensión completa del rol y la función por la cual existiría. Antes de que Adán la llamara Mujer, Dios sabía cómo el hombre nombraría a su compañera. Cada concebible noción de necesidad del hombre, Dios la tomó en cuenta en la realización de la mujer. Ella fue hecha perfectamente para Adán.

> Así como Dios había hecho y conocía a Adán, su ayudante fue dotada para ser su apoyo.

Su anatomía, encanto, equilibrio, inteligencia, sabiduría, conciencia de sí misma y cada buena gracia y regalo, fue otorgado en la ayudante de Adán. Ella no fue hecha una esclava o una sirvienta que viene sólo cuando se solicita.

Así como Dios había hecho y conocía a Adán, su ayudante fue dotada para ser su apoyo. Sus acciones y pensamientos estaban destinados a complementar el rol de Adán en la mayordomía del Reino Natural al que se le hizo Señor.

La Triunidad vio su papel no sólo como una mujer que fue traída a la existencia del hombre. Igual como el hombre sería una representación de la persona de Jesús, la mujer llegaría a ser la representación de la Iglesia, la novia de Cristo.

Es la mujer quien lleva la herencia del hombre. Dentro de la mujer, Dios aseguró que hubiera un lugar para que la semilla del hombre pudiera afianzarse y crecer. [*Génesis 1:28... " Fructificad y multiplicad, y henchid la tierra."*] El mandato de Dios para la pareja era evidente. Fructificad y multiplicaos. El uno no lo podía hacer sin el otro. A pesar de que eran vidas separadas, sólo sobrevivirían como uno. Un hombre que desprecia a su compañera, pone fin a su propia existencia; pone fin a su propio legado. Pensar de la mujer sólo para el acto egoísta de propagar su semilla, el hombre reduce su llamado divino, a una naturaleza animalista de supervivencia de la especie.

> El mandato de Dios para la pareja era evidente. Fructificad y multiplicaos. El uno no lo podía hacer sin el otro. A pesar de que eran vidas separadas, sólo sobrevivirían como uno.

Dios creó los animales primero para que el hombre pudiera llegar a ser el señor sobre toda la creación. El hombre define el destino de los animales, dándoles un nombre. Hasta el día de hoy, los animales han sido fieles a su propósito y destino. La obediencia de los animales a Dios, les dio prioridad en su gracia salvadora cuando él destruyó el planeta con agua. Fueron los animales que entraron en el arca primero. Cuando el hombre piensa primero en su propia necesidad y no sigue el Plan Maestro de Dios, él, ya no representa a la imagen de Dios. El hombre se convierte como un animal.

En el libro de Daniel hay una descripción de un hombre convertido en animal. [*Daniel 4:33 "En la misma hora se cumplió la palabra sobre Nabucodonosor, y fue echado de entre los hombres; y comía hierba como los bueyes, y su cuerpo se bañaba con el rocío del cielo, hasta que su pelo creció como de águila, y sus uñas como de aves."*] Los hombres de Dios no son animales, deben ser los señores de esta creación. Sus esposas han de ser respetadas y admiradas por ser su ayuda y por llevar el legado para lo que fueron destinados.

La mujer ha sido el vaso escogido para la salvación de la humanidad. [*Génesis 3:20 "Adán llamó su esposa Eva, porque ella sería la madre de los vivientes."*]

A lo largo de la historia, la mujer ha sido venerada y en algunas culturas se le adora como una diosa. Ha representado a virtudes como la verdad, la sabiduría y la justicia en su forma femenina. Con todo y eso, todavía en algunas culturas, ella solo es un pedazo de carne, una esclava, un producto a ser comprado, vendido o comercializado. Ha sido el botín de guerra, el tesoro de los reyes, o una manta para un hombre de sangre fría.

¡Desastroso! Hay hombres que todavía no le han dado la bienvenida a su ayudante por quién y por lo que ella es.

Cobra animo mujer. El Dios que te formó, vio el potencial en ti para traer la salvación de la humanidad. Que has sido traicionada, despreciada, comprada, vendida, negociada, golpeada, violada, desechada y poco apreciada, tu Padre en el cielo te redimió y te hizo digna de llevar Su descendencia: su Hijo, para la salvación de la humanidad. Sin ti, no hubiera un Salvador, no hubiera redención, no hubiera restauración, no hubiera ninguna gracia, ningún favor y ningún hombre que cumpliría con el mandato. Sin ti, no hay una próxima generación.

Desde el momento que fue formada, Eva entendió la relación que tenía Adán con Dios. Ella entendió su propia relación con Dios y la relación de Dios con ellos. La mujer tenía y tiene un hambre insaciable por conocimiento. Eva comprendió lo qué "ayudante" significaba. Ella quería asegurarse de entender las cosas bien, con el fin de hacer que la posición y su rol con esta nueva creación de Adán, cumplieran con la aprobación de su padre. Incluso, hoy en día decimos que detrás de cada hombre exitoso, existe el respaldo de una mujer.

El deseo de Eva por conocimiento, se convirtió en su talón de Aquiles. Su deseo proporciono el ambiente perfecto para la intrigante pregunta de parte de la serpiente que luego produce un curso de acción desobediente. Esto fue la puerta que el príncipe de este mundo necesitaba [*Efesios 2:2* "*…conforme al príncipe de la potestad del aire, el espíritu que ahora obra en los hijos de desobediencia.*"], para hacerse cargo de la nueva creación y convertirse en su gobernante. El enemigo sabía, que, si atacaba ahora, antes de que las generaciones de Adán nacieran, el veneno del pecado que se introducía, sería llevado a través de generaciones y el reinaría sobre el pecado para siempre. ¡Hablar de un engañador! [*1Timoteo 2:14 " Y Adam no fue engañado, sino la mujer, siendo seducida, vino a ser envuelta en transgresión."*]

Permítame interponer, que no hay nada de malo en buscar conocimiento. Es un regalo de Dios. [*Colosenses 3:10 " Y revestidos del nuevo, el cual por el conocimiento es renovado conforme a la imagen del que lo creó"*] Es cuando buscamos conocimiento en las fuentes del mal, que nos asedian las mentiras, medias verdades y sabiduría corrompida, tentándonos a cuestionarnos a nosotros mismos y terminamos con vastos agujeros en el manto de nuestra fe y debilitamos nuestras defensas espirituales. [*1 Corintios 15:34 " Velad debidamente, y no pequéis; porque algunos no conocen a Dios"*].

Parece que la mujer está siempre "empujando" al hombre a hacer las cosas. El hombre llama a esto "molestia". Pero descontento como el hombre puede estar con la mujer, él finalmente vera su punto de vista, si él se alinea con Dios. Dios no impuso el título de policía al hombre, para ordenar a la mujer. Sin embargo, Dios le dio a la mujer la gracia y técnicas, para que, con insistencia sutil, ella pudiera ayudar al hombre, en lograr su destino conforme a Dios. El cumplimiento del destino del hombre, asegura la mujer, de su lugar en el Reino. Con la verdadera ayudante del hombre a su lado, no hay nada que los dos no pueden lograr juntos. [*Mateo 18:20 "... donde están dos o tres congregados en mi nombre, allí estoy en medio de ellos."*]

Eva constaba con un espíritu más sensible en lo natural, que Adán. No se trataba de favoritismo, fue sólo el favor de Dios. Ella sería quien llevaría dentro de sí, durante un período de gestación de aproximadamente 40 semanas, la semilla del hombre en su término completo. La agudeza sensorial de la mujer tenía que ser superior a la del hombre. Nueva vida requiere mucho cuidado. Cualquier mujer le dirá, que tener un bebé es una experiencia que cambia la vida. No estoy capacitado para detallar los cambios que una mujer atraviesa, en el proceso de tener hijos. Ese relato le corresponde a otra persona. Mi espíritu lo entiende. Mi mente no supiera donde comenzar, a ponerlo en palabras.

Esta extrema sensibilidad, se acopla al destino de la mujer como prefiguración de la iglesia. Cuando una mujer está embarazada, su vida está llena de expectativas para esta nueva vida. Esto fue parte de su dotación por Dios para que ella pudiera comenzar orando e intercediendo por esta nueva vida. Necesitaba presentarle al hombre los frutos de su trabajo. Ella con amor y sin reserva, le dio a la semilla del hombre todos los nutrientes de su propia vida, para que el legado y promesa de vida eterna prometido por Dios al hombre, se cumplirían. Si el hijo muere en su vientre, la mujer siempre lo siente más profundamente que el hombre. Ella sufre y nunca olvida la vida que pudiera haber sido.

Como hombre, preguntarías o debes preguntar, ¿por qué la mujer atraviesa esa trayectoria del luto? El Espíritu Santo me dice que es porque en el curso de su destino, un niño que muere en el vientre de una madre, es un ser que no pudo realizar su destino para cumplir con el mandato de Dios. El alma de esa mujer tiene que lidiar con una vida que pudiera haber hecho la diferencia en los propósitos del Plan Maestro de Dios. Ahora como mamá, ella se siente responsable de que la vida en su vientre no llegó a buen término. Ella se siente que hay algo mal con ella. ¿Qué pasa si ella no puede cumplir con su rol como ayudante para el hombre? ¿Qué va el a pensar? Ella piensa: ¿él va a rechazarme porque no puedo llevar su legado al mundo? Le persigue en un perpetuo ¿por qué? Para una mujer, cada vida es preciosa porque desde el momento en que se revolvió en su cuerpo, el amor, el más grande de las emociones, invadió su cuerpo y alma, con posibilidades. La esencia del principio de lo que es la fe, se despliega todos los días. ¡La sustancia de las cosas que se esperan, pronto será manifestada!

Los mismos sentimientos por que una mujer atraviesa, deben ser los mismos sentimientos de la iglesia. Son uno e iguales. Menstruación en la mujer es un signo de su fertilidad. Menstruación en la iglesia es la preparación para el avivamiento. Es deshacerse de la sangre vieja que es ineficaz e infundirse de nueva vida para su destino como la novia de Jesús. Hay fiesta en el cielo cada vez que un nuevo creyente entra en el cuerpo de la iglesia; por igual, hay fiesta cuando un nuevo bebé llega a la familia. En el ámbito familiar se cultiva crianza, formación, educación y preparación para que el niño llegue a ser adulto y tome responsablemente, su lugar en la sociedad. Hay necesidad de alimentación, lenguaje, interacción humana, comportamiento social y mucho más. Lo mismo se aplica a la iglesia. Igual que la familia viene a la ayuda de un nuevo nacimiento, el cuerpo de la iglesia, viene a la ayuda de un nuevo creyente.

Es la madre la que nutre la relación entre los niños y el padre. Cuando el padre está presente, la casa se siente segura. Así que la presencia del Padre Celestial, es importante para la iglesia. La presencia de ambos padres en la armonía de Dios, proporciona, seguridad, estabilidad y un modelo para los niños. La ternura demostrada por el padre a su esposa, le impresionará la imagen a su hija del marido amoroso que se buscará un día. Es lo mismo como el hijo mira a mamá para la imagen de la mujer con quien se casará algún día. El reverso de estas condiciones también se aplica. Falta de ternura, abuso de cualquier tipo, o carencia de cualquier lenguaje de amor en el hogar, afectará la próxima generación con lo mismo, o actos más violentos.

En el caso del padre ausente, es mucho lo que los niños nunca aprenderán y, por lo tanto, esa generación carecerá. Lo suyo será una generación de disfunción. Será una relación basada en descubrimiento y no en la experiencia. Sin la dirección del Espíritu Santo, si se busca esa dirección, la restauración va o no va a pasar para esa nueva generación que crecerá con padre y/o madre ausente.

Por esta razón Dios el padre, está siempre presente a quien lo busca. No hay necesidad de una búsqueda de ascendencia a través de Google . [*Mateo 7:7 "Pedid y se os dará; Buscad, y hallaréis; Llamad y se abrirá a vosotros..."*] como si eso no fuera suficiente, el Padre envió a su Unigénito Hijo, nuestro hermano, para que no seamos intimidados o empujados.

La iglesia también tiene la responsabilidad de modelar la relación entre sus miembros y el Trino Padre. Hay mucho que nutrir y disciplinar a un nuevo creyente de manera que él o ella pueda cumplir con las responsabilidades del Ministerio quíntuple en el cuerpo de la iglesia. Según existen muchos regalos en lo natural, hay muchos regalos en lo espiritual. Igual a como hay dolor y tristeza en la pérdida de un bebé, así que hay dolor y tristeza en el cuerpo de la iglesia cuando pierde uno de sus miembros por alguna razón inesperada.

Los paralelos son formidables. Esa fue la razón por qué, Dios decidió ser el padre de la novia. El será el que presentará la novia a su hijo. La Biblia fue escrita en el Oriente. La cultura está alojada dentro de las Escrituras. En la cultura judía, el matrimonio se arregla desde el nacimiento por los padres. Siguen el patrón establecido por Dios. Desde el principio, la ayudante del hombre sería la novia presentada por Dios. Desde el principio, Dios había preparado su Hijo para recibir a la novia; la Iglesia. El matrimonio fue arreglado en el cielo. Pronto se celebrarán las bodas del Cordero en el cumplimiento del Plan Maestro diseñado por la Triunidad. Será nada menos que: ¡Glorioso!

La mujer que confía en Dios, puede aceptar más fácilmente el curso de acciones en su vida, si ella se dedica a él. Su espíritu, en concordancia con el Espíritu Santo, será testigo en amor y sabiduría, que la voluntad de Dios se habrá hecho en el cielo, como asi también en la tierra.

HUESO DE MI HUESO y CARNE DE MI CARNE / 76

HUESO DE MI HUESO Y CARNE DE MI CARNE

[*Génesis 2:23 "Y dijo Adam: Esto es ahora hueso de mis huesos, y carne de mi carne: ésta será llamada Varona, porque del varón fue tomada."*]

Dios cumplió su promesa al hombre. El hombre ya no estaría solo. Dios el padre había formado a una novia para Adam. Ella sería su ayudante. Habló Adán. Él no sólo lo pensó como un pensamiento fugaz de lo que debiera ser. Él lo confesó en voz alta delante de Dios, los ejércitos celestiales y la nueva creación. Esta iba a ser su mujer, porque ella vino desde el "vientre" del hombre.

Según Adán había venido de Dios, su ayudante vino de él. Adán habló a su destino. Él se dirigió al futuro de sus hijos y a los hijos de sus hijos. Adán le hablo a la humanidad del futuro como Dios le hablaría a la iglesia futura.

¿Por qué dijo Adán "*hueso de mi hueso*"? Creo que hay una doble respuesta a la pregunta. La primera respuesta fue un acto consciente de parte de Adán, al hecho de que su propia creación fue mitad divina y mitad carne. La segunda respuesta, viene de un acto consciente, sobre el hecho de que su ayuda idónea provenía de su interior, como él personalmente había venido desde la imagen interior de Dios. Al Adán mencionar los huesos, es un punto de referencia a la forma del soporte estructural del ser. En otras palabras, sin una estructura - soporte – la carne sería una masa de materia sin función.

Hueso de mi hueso, se dirige al hecho de que la mujer no era solamente una "masa". Tenía estructura. Ella podía pararse, moverse, alcanzar, sentarse, subir y recostarse por sí misma. Tener estructura habla de fundamento. Habla de gobierno. Habla de orden. Habla de igualdad.

Adán miró bien de cerca a la mujer que Dios le dio. Me imagino que fue a un pozo de agua y miró el reflejo de si mismo. Luego, se compara al regalo que Dios le había dado y que ahora estaba por delante. Se dio cuenta de las semejanzas y las diferencias. Miró las manos y pies, la cara, el cuerpo, el pelo, los ojos, las curvas elegantes; la miró de arriba a abajo, de delante hacia atrás, mientras caminaba a su alrededor. Delicadamente le tocó, sintió el calor de su cuerpo, corrió sus dedos por su cabello. Al mismo tiempo, la mujer hizo lo mismo. Ella miró a Adán y lo estudió. Los dos estaban como si sobre un pedestal giratorio, absorbiendo todos los detalles, el uno del otro. No había ninguna vergüenza mirándose fijamente. Solo hubo transparencia.

Había algo más. Adán nunca había experimentado esto antes. Tan cercano como estaba el con el Dios Trino, esta exuberancia era diferente. Era poderosa. Era maravillosa, fascinante y mística. Hubo satisfacción en el hombre. Miraba a Dios como para decir "¿Qué es esta extraña sensación que ha venido sobre mí? El Todopoderoso irradiaba como el sol y dijo "Esto es amor, en su máxima expresión. Lo que has comenzado a sentir, es la misma satisfacción que nosotros sentimos cuando te creamos. Esta sensación vendrá a ti y a tu ayudante, en diferentes formas y expresiones, en diferentes etapas de sus vidas. Este es nuestro regalo eterno a ti y a tus generaciones". Adán entonces responde, "*ella se llamará ' varona, porque del varón fue tomada.*"

Además de tener forma y estructura como "*hueso de mi hueso*", Adán comentó: "*Esto es carne de mi carne*". ¿Por qué hacer la distinción? Adán reconoció que su ayudante no era sólo otra creación. Ella no era una parte de cualquier otra cosa creada por Dios. Ella fue hecha de su propia esencia. Él tenía una conexión directa con lo Divino y lo Espiritual. La conexión de ella con lo Divino o Espiritual era indirecta, a través de Adán. No obstante, ella era carne de su carne. Ella era diferente, pero al mismo tiempo ella era él.

Dios había tomado de Adán no solamente su estructura y forma, pero también había tomado sus sentimientos, emociones, sensibilidades; todo lo que componía su propia carne, para darle la ayudante con quien él se relacionaría por el resto de su vida. Adán ahora tenía alguien con quien poder hablar, compartir su forma de pensar y explorar nuevas ideas creativas. Él podía ahora comenzar a enseñar lo que había aprendido de Dios, a su propia especie.

Comenzaron a comunicarse acerca de este maravilloso creador. Según encaraban cada nuevo día, adoraban en acción de gracias, en comunión, en compañerismo y alegría, al Dios que los había traído a la existencia. Comenzaron a experimentar el compañerismo y cariño por los demás. Estar aparte, era inconcebible. Habían descubierto relación. La carne de Adán, había dado a luz a la promesa de Dios, de una ayuda idónea. Ella era todo lo que Adán necesitaba para completar el Plan Maestro de Dios. Se les dio el mandato de ir, multiplicarse y enriquecer el planeta.

> Todo lo que Dios creo fue bueno, pero su deleite mayor, estaría en su la relación con la humanidad.

Según el hombre había sido creado de la tierra y todos los componentes de su creación los tenía en común con la naturaleza; carne, espíritu y alma, estaban ahora unidos en la tierra, como asi también en el cielo. La imagen de Dios para el hombre, ahora estaba conforme. [*Efesios 4:24 Y vestir el nuevo hombre que es criado conforme a Dios en justicia y en santidad de verdad. ""*] [*Colosenses 3:10 "Y revestidos del nuevo, el cual por el conocimiento es renovado conforme a la imagen del que lo creó;"*] Justicia, verdad, sabiduría y gobierno, estaban dispuestos a cumplir con su función en la tierra como su Creador lo había hecho en el cielo. Dios toma un paso atrás, regresando a ser el proveedor de todo lo que vive y sede al hombre el control. Los peces en el mar, las aves del cielo y todo ser viviente que camina o se arrastra sobre la tierra honrarían al hombre y el hombre honraría a Dios. [*1 Corintios 3:22, 23 "sea el mundo, sea la vida, sea la muerte, sea lo presente, sea lo por venir; todo es vuestro; y vosotros de Cristo; y Cristo de Dios."*] [*Salmo 145:9-12 "Bueno es Jehová para con todos; y sus misericordia sobre todas sus obras. Alábente, oh Jehová, todas tus obras; y tus santos te bendigan. La gloria de tu reino digan, Y hablen de tu fortaleza; Para notificar a los hijos de los hombres sus valentías, Y la gloria de la magnificencia de su reino."*]. Todo lo que Dios creo fue bueno, pero su deleite mayor, estaría en su la relación con la humanidad.

Dios ahora hace una declaración para todas las generaciones. [*Génesis 2:24 "Por tanto, dejará el hombre a su padre y a su madre, y allegarse ha a su mujer, y serán una sola carne."*]

La premisa básica para el matrimonio, ahora había sido establecida por Dios. La declaración de Adán lo confirmaba. Hueso de mi hueso y carne de mi carne significaba que ni el hombre ni la mujer podían vivir separados entre sí. Ella fue su hueso y carne. Ella fue hecha para él. [*1 Corintios 11:9-12 " Porque tampoco el varón fue creado por causa de la mujer, sino la mujer por causa del varón. Por lo cual, la mujer debe tener señal de potestad sobre su cabeza, por causa de los ángeles. Mas ni el varón sin la mujer, ni la mujer sin el varón, en el Señor. Porque como la mujer es del varón, así también el varón es por la mujer: empero todo de Dios."*]

> Hueso de mi hueso y carne de mi carne significaba que ni el hombre ni la mujer podían vivir separados entre sí.

Cuando un hombre asume la responsabilidad del

matrimonio, él toma para sí una esposa, él cumple con el mandato de Dios mismo. Observe que la palabra dice que el hombre, no la mujer, deja a su padre y su madre. En una sociedad que ha dado la espalda a Dios, sucede la tendencia inversa. Las mujeres están dejando el padre y la madre para vivir con un hombre que no ha salido de la casa de su propia madre y padre.

Cuando no se sigue el modelo divino, prevalece el fracaso en el matrimonio.

Un hombre debe proporcionar para su ayuda idónea. Ella fue diseñada para él y no al revés. No estamos hablando de alguna extraña. Ella es hueso de su hueso y carne de su carne. Mamá y papá tienen su propio hueso y carne de que preocuparse.

¿Cómo puede un hombre ser responsable de una mujer, cuando él no ha optado voluntariamente por salir de la casa de su padre y su madre? ¡Él no está listo! Los que son niños necesitan crecer. Tienen que asumir su responsabilidad. Ellos tienen que definir su propio destino dado por Dios. Si los padres han hecho su trabajo correctamente, los niños tendrán las habilidades necesarias en el momento de la vida adulta, para realizarse por sí mismos en el mundo. Los padres deben servir en capacidad de mentores y no entrometidos. Los padres continuarán como exhortadores de lo que es correcto y justo. No son desalentadores, fijando a un conyugue en contra del otro.

El estilo de vida cristiana de los padres, debe seguir modelando un ejemplo para la nueva generación. Los niños deben dejar su padre y madre. Esto no significa falta de respeto por parte de los niños y esto no significa el abandono por parte de los padres. Que cada uno ocupe su lugar legítimo en el mundo, con respeto y mutua y comprensión. Cada uno enseñando, entrenando y asesorando sobre los mejores regalos que han recibido de Dios. La familia siempre será familia. Mientras más fuertes sean los lazos familiares en la casa, mas afectuosos se vuelven los corazones cuando están ausentes entre sí. La Familia es el Primer Ministerio.

Mujeres anoten. Desde que la naturaleza pecaminosa se introdujo en el mundo, el hombre no es el sacerdote o el gobernador sobre su propia vida. Sólo los hombres piadosos, que viven un verdadero estilo de vida cristiano, valoran a la mujer que Dios tiene para ellos. ¡Cuidado con el hombre en quien has fijado tu mirada!

¿Es ese hombre un adulto o un niño en ropa de adulto?
¿Es trabajador, tiene una vocación o profesión?
¿Es responsable en su trabajo?
¿Es responsable en la gestión de sus propios asuntos?
¿Administra bien o sabe cómo administrar el dinero?
¿Cómo es su relación con su madre y su padre?
¿Él tiene una madre, viva, difunta?
¿Tiene un padre, vivo, difunto?
¿Qué clase de relación tiene con sus hermanos y hermanas?
¿Tiene favoritismo por un hermano o una hermana sobre el otro?
¿Habla bien de su familia, amigos, familiares, compañeros de trabajo?

¿Es un buen administrador de su tiempo; ¿puntual?
¿Tiene animales?
¿Cómo trata ese mimado?
¿Sabe, puede, cocina?
¿Sabe cómo lavar la ropa?
¿Es un buen aparador?
¿Tiene un buen sentido de estilo?
¿Es un buen comunicador?
¿Tiene buena higiene personal?
¿Es de otro país?
¿Hay cuestiones culturales que deben ser exploradas?
¿Cómo actúa o reacciona cuando estás alrededor?
¿Cómo te presenta cuando esta con sus amigos?
¿Cómo se siente acerca de ser dueño de una casa?
¿Cómo se siente acerca de los niños?
¿Cuántos niños?
¿Alquila?
¿Qué te puede ofrecer que ya no tienes?
¿Tiene algún tipo de adicción?
¿Le gusta arriesgar su vida?
¿Vienes primero en su vida?
¿Es un creyente en Dios y da testimonio que Cristo vive en él?
¿Qué dicen sus amigos – hombres y mujeres – acerca de él?
¿Es fiel a su palabra?
¿Es un buen oyente?
¿Cuáles son sus puntos de vista sobre el Ministerio con respecto a las mujeres?
¿Cómo se siente acerca de una mujer con un llamamiento de Dios?

Ustedes los hombres que están leyendo esto, el mismo criterio debe aplicarse a la mujer, por la cual te sientes atraído. Recuerde; la elección de su pareja es un contrato de por vida. Esto no es un experimento de ciencia para ver si funciona. Dios no está en el negocio de la experimentación. Todo lo que él hizo, lo hizo bien. Adán no fue presentado con distintos tipos de mujeres para elegir. Dios le dio lo que necesitaba. Si eres fiel, paciente y buscas la ayuda de Dios, te garantizo, que él te suministrará tu verdadera ayuda idónea.

No vivimos en un mundo perfecto. Tenemos que ver con los ojos de Dios. Sin él, tu elección se basará en el aspecto exterior. Con él, podrás ver lo que está dentro primero, luego el exterior, coincidirá con el interior.

El hombre o la mujer que elijas como tu compañero, será tu esposo o ella tu esposa. Será el modelo a seguir para la selección eventual de tu hija para un marido y tu esposa será el modelo a seguir para la eventual esposa con la cual se casará tu hijo. Tu ejemplo puede bendecir o maldecir a tus hijos. A medida que envejece, hágase una pregunta: ¿Me querrán mis hijos y mis nietos alrededor de su casa cuando llegue a viejo? Ahora es el tiempo para preparar el camino con Dios. Desarrolla una gran relación natural y espiritual con tus hijos.

HUESO DE MI HUESO y CARNE DE MI CARNE / 86

SERÁ LLAMADA EVA

[*Génesis 3:20 "Y llamó el hombre el nombre de su mujer, Eva; por cuanto ella era madre de todos lo vivientes."*]

La progresión de la historia de la creación, tiene tiempos específicos en la revelación de las cosas, según el plan divino de la Triunidad. No es sino hasta Génesis capítulo 3, que sabemos el nombre de la ayudante que Adán llama mujer.

Lo primero que hace Adan es, definir su origen. Ella se llama a mujer porque ella vino de hombre. Luego define su papel y relación, dándole el nombre de Eva, que significa, la que da vida a todos los vivientes.

El trino Dios, puso en acción su Plan Maestro. El hombre había sido puesto a cargo de esta nueva creación. Había cumplido la promesa de una ayudante. El hombre no estaba solo. Toda la creación fue sometida bajo el dominio del hombre y los ejércitos celestiales fueron testigos de los acontecimientos del Plan Maestro. Llego el turno de Adán para asumir el control. El cetro había sido pasado. Dios sería el Señor sobre todo el universo y el Señor Adán seria mayordomo de la tierra, en el universo de Dios.

El primer acto de Adán como Señor, es nombrar a su ayudante. Ahora ella se introduce como Eva, la madre de todos los vivientes. La primera mujer; el vaso por el que se cumplirían los propósitos de Dios y el destino del hombre. La madre de la humanidad. El símbolo para la novia de Jesús. Divinidad y humanidad se unieron según el Plan Maestro. Ella sería la primera matriarca humana y Adán el primer patriarca humano. Es ahora que podía cumplir con el mandato de Dios para multiplicar y enriquecer la tierra. [*Isaías 46: 10 "Que anuncio lo por venir desde el principio, y desde antiguo lo que aún no era hecho; que digo: Mi consejo permanecerá, y haré todo lo que quisiere."*]

HONRANDO A LA MUJER – UNA PERSPECTIVA OLVIDADA

Cualquier hombre que busca la bendición de un sacerdote o de la iglesia, con el fin de matrimonio, debe entender o necesita entender, la razón por qué él necesita en honrar a esa mujer. Desde el momento que el pensamiento entra en la cabeza, no es por casualidad. Está en su ADN espiritual. Los principios de honor, respeto o reverencia no provienen de un hombre pecador. Es el producto del don de amor. La Triunidad lo colocó en el hombre desde el principio. Proviene de un hombre que tiene una relación con Dios y honra a Dios. Respeto engendra respeto.

> Desde el principio, Dios respeta lo suficientemente al hombre, para hacerle una ayuda idónea, no de otro cuerpo, no de otra sustancia o elemento, ella fue hecha para él de él.

Un hombre necesita honrar a la mujer porque Dios lo hace. Desde el principio, Dios respeta lo suficientemente al hombre, para hacerle una ayuda idónea, no de otro cuerpo, no de otra sustancia o elemento, ella fue hecha para él de él. Adán respetó/ honró a Dios, quien lo honró a él con la mujer. La exclamación de Adán lo resumió: esta es hueso de mi hueso y carne de mi carne.

Desde ese día en adelante, cualquier cosa que el hombre haría de su cuerpo, lo haría para su mujer. Si él repudiara a su mujer, él repudiaría su propio hueso y carne. Todo lo bueno, malo o indiferente que hombre dijera o hiciera a la mujer, no sólo sería insulto a Dios, pero él estaría haciéndose lo mismo.

Por esta razón Dios creó los animales primero y entonces llama al hombre a nombrarlos, antes de darle la ayuda idónea. Los animales elijen a su compañera/o por vida. Entienden lo que es relación. Entienden el mandato hasta este día, en multiplicarse y poblar el planeta. Animales: ¡Ellos lo entienden! Ellos protegen la hembra. Ellas proporcionan alimento y refugio, buscan un lugar seguro para sus cachorros, les enseñan cómo ser adultos y cómo defenderse y defender. Los animales toman el mandato de la responsabilidad dada por Dios, seriamente. Honran a Dios. A veces pienso que cuando Dios estaba a punto de destruir el mundo con agua, salvó a los animales primero porque ellos fueron obedientes. Llegaron cuando fueron llamados.

Un hombre debe honrar a la mujer porque al hacerlo, lo mantiene de convertirse en una persona cruel, infiel, adolorido y de un comportamiento impropio. Intercambiando estos rasgos de carácter, la mujer se hace una con el hombre. Su conocimiento de la biología femenina, respeta la debilidad comparativa de su sexo. Especialmente durante la época del parto, hay dificultades y gran fatiga. Muchas enfermedades pueden prevalecer conectadas con el proceso de dar a luz. El hombre debe tratar la mujer con más respeto y mayor cuidado. En ese momento de la vida, ella está cumpliendo con el propósito impuesto por Dios. Ella está cumpliendo con el legado del hombre: el mandato de Dios. El usar y abusar de las mujeres para gratificación personal, no sólo es egoísta, pero es pecaminoso. El impacto generacional en la familia de esta actitud egoísta, es exponencial. Cualquier hombre que lleva a cabo este tipo de comportamiento, ha perdido su relación con Dios y no tiene ningún respeto para sí mismo o para otros.

Honrar a la mujer va más allá de la intimidad y la experiencia de sí mismo. El hombre necesita mostrar aprecio y cariño a su mujer, como lo hace por sí mismo. Ella es hueso de su hueso y carne de su carne. Hónrela ante amigos, familiares, en lugares públicos; apóyele a ella y a la familia en el ámbito de lo que es justo y recto delante de Dios. Donde ella se sienta incapaz o inexperta, provea para sus necesidades. Tenga cuidado de su comodidad y su reputación. Si Usted está dotado de sabiduría y conocimiento, más allá de ella, no se ofenda por las cosas pequeñas. Sobrellévela. Utilice su sabiduría y el conocimiento que ha adquirido, para elevarle y no para humillarla o regañarla especialmente en público, o en presencia de familiares y amigos. Recuerde que las mujeres, son coherederas con Cristo mismo, como hombre. Usted debe sabiamente aconsejar, enseñar, animar, motivar y elevar. Su estabilidad personal, física o emocional, será desafiada en algún lugar en la vida y usted cosechará lo que ha sembrado. Es decir que, en algún momento de su vida, puede que se encuentre enfermo, incapacitado, discapacitado, limitado en su obligación como esposo, padre, amigo o compañero. Si no ha cultivado una relación positiva con la mujer que ha elegido como esposa, usted estará solo: el lugar que Dios dijo que no debe estar. La mujer es su compañera en esta peregrinación.

Acepta mi consejo. He viajado a varios países. He viajado solo y acompañado con mi esposa. Cuando ella está allí, tenemos conversaciones, reflexiones, ella ve cosas y comportamientos que echo de menos, señala cosas importantes que doy por asentado o he pasado por alto y que pueden carecer de mis habilidades sociales. Muy amablemente, ella toma la delantera y yo le sigo.

Usted no está honrando a cualquier mujer. Usted está honrando a su compañera en Ministerio. Está honrando su portador de armas. Está honrando a su guerrera de oración. Usted está honrando a Dios. Está honrando su congregación en el Ministerio. Está modelando el estilo de vida cristiano. Como pareja, son modelos para sus hijos y otras parejas. Usted está haciendo una declaración de un estilo de vida. Un estilo de vida Cristo céntrico, honra al Padre que está en los cielos.

En el estado actual de la humanidad, como hombre o una mujer, puede encontrarse en una posición que tenga un cónyuge no convertido. ¿Cómo trata uno con esta situación? Esto es más que una razón por qué, debe honrar a ese hombre/mujer. Él/ella debe ver en ti la bondad, la gracia y la misericordia de un Dios amoroso, un Cristo salvador y redentor, y una manifestación de los dones del Espíritu Santo. ¿Cómo es que él/ella va a honrarte si él/ella no puede ver el cambio que Dios está haciendo en tu vida? Él/ella será tu primera conversión. La forma que escoges para honrar a tu pareja, significa el éxito o fracaso en cualquier aspecto del Ministerio.

HUESO DE MI HUESO y CARNE DE MI CARNE / 94

DESOBEDIENCIA - INICIO DEL PECADO

El Plan Maestro de la Triunidad, predisponía de una singularidad – obediencia. Todo lo que Dios ordenó, a través de la expresión o voluntad, se cumplió bajo esta única singularidad. La creación entendió al Creador. Ella entendió que su existencia, función, propósito y destino estaba atada a su única demanda: obediencia.

En principio, la obediencia era un acto deliberado de sumisión de amor y gratitud al Creador, por existir. Todo ser viviente entendía este subyacente principio.

En la sociedad contemporánea, la obediencia se considera un signo de debilidad, una mentalidad de esclavo. Permítame inculcar, que se necesita mucho más coraje, determinación, templanza, sabiduría y paciencia a someterse voluntariamente en la obediencia, que ser un tirano, dictador y déspota. He aquí Jesús, el hijo de Dios y el mejor ejemplo de obediencia: [*Filipenses 2:8 " Y hallado en la condición como hombre, se humilló a sí mismo, hecho obediente hasta la muerte, y muerte de cruz."*]

Antes de desviarme del tema presente, quiero recordar a mi querido lector acerca de la omnisciencia y la soberanía de Dios. Hablo ahora, a través de la autoridad de su Santo Espíritu y no por mí mismo.

La soberanía de Dios, por su propia naturaleza, le da a él la autoridad para hacer lo que quiere y nadie puede cuestionarlo. [*Hebreos 6: 13 "Porque prometiendo Dios a Abraham, no pudiendo jurar por otro mayor, juró por sí mismo…"*] Es decir, que a menos que no haya alguien superior a él, con algún otro Plan Maestro, no se ha revelado, desde la época antes de la humanidad.

> La soberanía de Dios, por su propia naturaleza, le da a él la autoridad para hacer lo que quiere y nadie puede cuestionarlo.

Por lo tanto, todo lo que el ojo ha visto, oído ha escuchado, o pensamiento que ha entrado en la mente del hombre, ha llegado a ser, por la voluntad y la obra de la Triunidad de Dios. En el libro de Daniel en el Antiguo Testamento, un pagano, rey de Babilonia, Nabucodonosor decretó… [*Daniel 3:29* " *Por mí pues se pone decreto, que todo pueblo, nación, o lengua, que dijere blasfemia contra el Dios de Sadrac, Mesac, y Abed-Nego, sea descuartizado, y su casa sea puesta por muladar; por cuanto no hay dios que pueda librar como éste.*"]

Por la palabra de Dios, cuando él trata con la desobediencia del Faraón, Dios dice lo siguiente… [*Éxodo 9:14* "*Porque yo enviaré esta vez todas mis plagas a tu corazón, sobre tus siervos, y sobre tu pueblo, para que entiendas que no hay otro como yo en toda la tierra."*]

La omnisciencia de Dios significa que él lo sabe todo. No hay nada que se le escape. [*Colosenses 2:3 "En el cual están escondidos todos los tesoros de sabiduría y conocimiento."*] Si él falla en cualquiera de los aspectos de su naturaleza de existencia, tendría que descalificarse a sí mismo como deidad (Dios).

La humanidad tiende a cuestionar a Dios sobre todo, cuando las cosas no salen como ellos las quieren. La humanidad siempre está buscando encontrar faltas y la culpas, simplemente porque es incapaz de perdonarse a sí misma o asumir la responsabilidad por sus propias acciones.

Hoy en día, el grado de desobediencia en la humanidad, se encuentra en las fronteras del borde de la rebeldía flagrante. Hombre hace lo que piensa y llega a conclusiones diferentes acerca de la existencia de Dios. Por esta razón el trino Dios continúa monitoreando e interviniendo en la desobediencia de la humanidad. De esta manera, orden y no caos, prevalecen en el Plan Maestro.

Dios le dio una orden específica a Adán. [*Génesis 2: 16-17 "Y mandó Jehová Dios al hombre, diciendo: De todo árbol del huerto comerás; Mas del árbol de ciencia del bien y del mal no comerás de él; porque el día que de él comieres, morirás."*]

No había ningún lenguaje condicional de "*si ustedes quieren o desean*", en declaración de Dios para Adán. Adán podía comer de todo árbol del jardín, incluyendo el árbol de la vida. [*Génesis 2:9 " Y había Jehová Dios hecho nacer de la tierra todo árbol delicioso a la vista, y bueno para comer: también el árbol de vida en medio del huerto, y el árbol de ciencia del bien y del mal."*] No había ninguna opción. Esto fue una Soberana Orden [*Génesis 2:17 "Mas del árbol de ciencia del bien y del mal no comerás de él."*]

Muchos pueden argumentar que esto fue una prueba para Adán. Dios no necesitaba probar a Adán. Él creó a Adán. Él sabía de lo que era capaz Adán. En todo el desarrollo de Adán, Dios había sido padre, maestro, mentor, amigo y compañero. Dios había educado a Adam acerca de los dos árboles en medio del jardín.

Él puede haber dicho algo al hecho de que el árbol de la vida era para el beneficio de Adán. Él puede haber dicho algo como "Adam, has sido creado del polvo de la tierra. Todo ser viviente se ha creado de la tierra. En el curso de tiempo envejecerás igual que la fauna que te rodea. No son seres eternos como yo, o los Ángeles de diferente rango que he creado. Este árbol de la vida, se ha creado para tu beneficio. Los niños que tengas y los hijos de ellos y los animales que comienzan a reproducirse; cortes, rascados, enfermedad u otros malestares pueden afectarlos. Será tu responsabilidad cuidar de tu familia. Este árbol de la vida sostiene y prolonga la vida, tu salud y la de tus descendientes".

Adán puede haber comentado – "Tú eres Dios, tú me has hecho. ¿No pudieras tu sanarme, o a mi familia, si algo llegara a suceder?"

Dios puede haber contestado algo como: "Adán, yo te creé para ser Señor de esta nueva creación. Tu familia buscará de ti respuestas, orientación, asesoramiento y dirección de este mundo que he creado para ti y para tus descendientes. Tú tendrás que enseñarles acerca de mí. Enséñales quien soy. Hazles saber acerca de nuestra relación; quiénes son los ángeles – cuál es su función y propósito. Toma en cuenta que soy un espíritu eterno y no me verán con sus ojos humanos. Voy a trabajar a través de ti. Por tu ejemplo, sabrán quién y qué soy. Además, toma en cuenta, que como tu familia y otras familias han de crecer y desarrollarse, tú no podrás siempre estar allí para impartir sabiduría y conocimiento. Si tú le enseñas acerca de nosotros, desarrollarán confianza. Harán preguntas tal como tú las has hecho. Yo estaré allí con respuestas o enviaré a mis ángeles a ministrar y ayudar con sus necesidades y peticiones."

En la conversación subsiguiente, Adam puede haber dicho: "ahora entiendo sobre el árbol de la vida, pero ¿por qué a este árbol le has llamado el *"el árbol del conocimiento del bien y del mal?"*

Dios podría haber dicho: "la fruta de ese árbol desarrolla un conocimiento, que, en la actualidad, no estás preparado a entender todavía. Yo decidiré cuando estés listo, y te enseñare sobre el bien y el mal tal como te he enseñado sobre todo lo demás. Por ahora, te prohíbo comer de ese árbol."

La confianza que Adán tenía en Dios, era suficiente y obedeció sin cuestionar.

HUESO DE MI HUESO y CARNE DE MI CARNE / 100

EL PERSONAJE DE SATANAS – AGENTE DEL PECADO

Cronológicamente hablando, el libro más antiguo en la Biblia es el libro de Job. Los primeros cinco libros de la Biblia; Génesis, Éxodo, Números, Levítico y Deuteronomio son primeros en el compendio, debido a la historia de la creación; pero según los historiadores, estudiosos y eruditos, el más viejo, es el libro de Job.

Es al principio de este libro, que estamos conjurados para una reunión de los hijos de Dios, y el Señor mismo. Nos enteramos que el Señor Dios, tiene una conversación con un ser llamado Satanás.

> [Job 1:6-12 *"Y un día vinieron los hijos de Dios a presentarse delante de Jehová, entre los cuales vino también Satán. Y dijo Jehová a Satán: ¿De dónde vienes? Y respondiendo Satán a Jehová, dijo: De rodear la tierra, y de andar por ella. Y Jehová dijo a Satán: ¿No has considerado a mi siervo Job, que no hay otro como él en la tierra, varón perfecto y recto, temeroso de Dios, y apartado de mal? Y respondiendo Satán a Jehová, dijo: ¿Teme Job a Dios de*

> *balde? ¿No le has tú cercado a él, y a su casa, y a todo lo que tiene en derredor? Al trabajo de sus manos has dado bendición; por tanto, su hacienda ha crecido sobre la tierra. Mas extiende ahora tu mano, y toca a todo lo que tiene, y verás si no te blasfema en tu rostro. Y dijo Jehová a Satán: He aquí, todo lo que tiene está en tu mano: solamente no pongas tu mano sobre él. Y salióse Satán de delante de Jehová."]*

Hay mucho que decir acerca de estos versículos y estaría mejor cubrirlo en otro libro. Por lo tanto, vamos a enfocarnos en cómo, esta conversación se entrelaza con el resto de nuestra narrativa.

Cuando nos profundizamos en la Escritura, vemos a Jehová Dios, en los propósitos de su negocio e inquiriendo de su creación celestial, sobre los asuntos del Reino de los cielos. La escritura dice que *"Satanás vino también entre ellos."* Observe que no dice que fue invitado. No dice que él era o no, bienvenido. Parece indicar, que este personaje – este ser, tiene acceso directo al trono de Dios.

En Hebreo el término, *"Satanás"* o *"hassatan"*, significa **adversario** y en Griego se define como **diabolos**. En el idioma Inglés ha sido comúnmente traducido como **el diablo**. En alineación con estas definiciones, la Biblia también define a este personaje de otras maneras. [Apocalipsis 12:9 se le define como *"aquel* **gran dragón, la serpiente antigua, que se llama Diablo y Satanás**, *el cual engaña a todo el mundo."* Juan 10:10 lo describe como "**El ladrón** *no viene sino para hurtar, y matar, y destruir."* Apocalipsis 12:10 "**el acusador** *de nuestros hermanos ha sido arrojado, el cual los acusaba delante de nuestro Dios día y noche."*] Jesús a los hablando a los Fariseos, se refiere a él como el diablo, un asesino, un mentiroso y padre de la mentira en [*Juan 8:44* "*Vosotros de **vuestro padre el diablo** sois, y los deseos de vuestro padre queréis cumplir. Él, **homicida ha sido** desde el principio, y **no permaneció en la verdad**, porque **no hay verdad en él**. Cuando habla mentira, de suyo habla; porque **es mentiroso, y padre de mentira**.*"]

Hay varias cosas que inferimos en los versos anteriormente mencionados:

1. Que Dios como Creador y Organizador de su Plan Maestro, le gusta dar seguimiento a sus asignadas responsabilidades.

2. Que aquellos a quienes las asignaciones son dadas por él, de hecho, tienen que dar cuentas de esa responsabilidad.

3. Que hay mucho trabajo por hacer en el Reino de Dios y el asigna los trabajos a realizarse. El cielo no es un "resort" donde vas a ser atendido por ángeles, te recuestas en alguna nube por el resto de la eternidad, con todas las comodidades que tenías en la tierra.

4. Que este ser llamado Satanás, al parecer sabe, que los hijos de Dios no le presentan ninguna amenaza. Nadie se alarmó y parecen aceptar que él también le rinde cuentas al Trino Dios en sus emprendimientos. En otras palabras, él también es responsable ante Dios.

5. Que el cielo no es un lugar de luchas. Cada cual conoce su lugar. Sin importar rango, orden o privilegio, todo el mundo sabe que Dios se hace cargo

de la aplicación de la justicia, sin importar en qué forma, o de qué forma.

Volviendo a este personaje de Satanás. Como Soberano de toda la creación, Dios le pregunta "¿*De dónde vienes?*" En otras palabras, '¿dónde estabas?' Como Dios, él sabía dónde estaba y qué estaba haciendo. La pregunta y su respuesta, tiene una doble vertiente. Uno, para aquellos que están presentes en la reunión, que no tenían el poder de la omnisciencia, la oportunidad para presentar y reconocer el informe. Dos, para que la verdad, se hablará ante testigos. El Señor no permite mentiras ante la justicia de Su Trono.

Satanás, el adversario, responde: "*De rodear la tierra, y de andar por ella.*" En otras palabras, él dice, sin dar demasiado detalle, "de aquí y de allá y caminar sobre la tierra". Al parecer, el trabajo de este adversario es pasear y caminar sobre el planeta, para acusar a la humanidad en las cosas adversas o contrarias, que hacen en desobediencia a Dios. Parece dar a entender que él está consciente de lo que los "habitantes de la superficie" hacen, e informa sobre ellos todo el tiempo.

Con este breve informe, que en cierto sentido engloba mucho, Dios responde al adversario en lugar de sus constantes acusaciones sobre la humanidad. Él señala a un solo ser humano fuera de muchos. [Job 1:8 "*Y Jehová dijo a Satán: ¿No has considerado a mi siervo Job, que no hay otro como él en la tierra, varón perfecto y recto, temeroso de Dios, y apartado de mal?*"] Esto dice mucho sobre el interés de Dios por la humanidad. Él sabe acerca de la desobediencia de la humanidad, así también como está la vida cotidiana de los justos.

Usted puede ser uno, en 1 millón, pero eres importante para Dios como un ser humano. Dios te conoce tan bien, que está dispuesto a ponerte en las manos del adversario - Satán mismo - con el fin de demostrar que, a través de tu fe, eres digno de la salvación, por encima de todas las acusaciones. [*2 Timoteo 2:19 "Conoce el Señor a los que son suyos; y: Apártese de iniquidad todo aquel que invoca el nombre de Cristo."*] El destino de Satanás, ya está sellado por ser desobediente y contrario a los planes de Dios.

Así como Dios te conoce, Satanás conoce tus fuerzas y debilidades. Él está plenamente consciente de quién tiene la bendición de Dios y quién no. Él no está preocupado por el infiel, los desobedientes, y quien esta contrario a la voluntad de Dios; éstos son sus amigos y aliados.

Job era un hombre rico con ganadero. No hubo ningún otro como él en el planeta. Él era perfecto en asegurarse de siempre observar las leyes de Dios. Él ofrecía sacrificios por sus hijos, para asegurarse que sus pecados no fueran obstáculos en el camino de su salvación. [Como un recordatorio a nuestros lectores – la salvación viene sólo después de que Cristo murió en el Calvario].

Job era un hombre justo y razonable. Era un hombre de integridad. Un hombre de su palabra. Job respetaba a Dios y Dios hacia lo mismo.

Por el testimonio personal de Job, ante la humanidad de su propio tiempo, Dios había puesto un cerco de protección alrededor de él, alrededor de su casa y todo lo que tenía a su lado. Esto significaba que Satanás no tenía entrada, por donde atacar.

Dios no es perezoso. Él trabaja. Él trabajó para crear un universo. Él trabajó para crear un jardín. Trabajó en la creación de todo tipo de vida. Trabaja cada día para mantener al mundo en armonía. Él, incluso ha elaborado su Plan Maestro para la restauración del planeta, toda la humanidad y reconciliar todas las cosas a sí mismo. Por eso, Dios bendijo las obras de las manos de Job y su ganado. Job siguió el ejemplo de Dios.

Mi querido lector, hay enormes recompensas por servir al Señor por amor, respeto y obediencia. En esta descripción de las Escrituras, incluso, el adversario sabe quiénes son los bendecidos del Señor. Note que cuando Dios menciona a Job por su nombre, Satanás no pregunta quién es él. ¿Dónde vive? ¿Si tenía cuenta en Face Book? ¿Si puede recibir mensajes de texto? ¿Él pertenece a Tweeter? Satanás sabía de quien Dios estaba hablando, y tenía un cartapacio con el nombre de Job. Aun conocía la marca del seguro de vida de Dios.

En este momento en nuestra historia, hemos leído donde Satán, como el verdadero adversario, honra a su nombre, pidiéndole a Dios para que le hiciera su trabajo sucio. Le dice Dios "*extiende ahora tu mano, y toca a todo lo que tiene, y verás si no te blasfema en tu rostro.*" En otras palabras, quitale todo lo que le has dado y verás cómo él te maldecirá (mal hablado) a tu cara.

Dios no está en el negocio de quitarte tus bendiciones. Ese es el trabajo del adversario. Dios puede elegir para que puedas ser probado de Satanás, por el bien de tu testimonio a él, y a los que te rodean. Es sólo para su gloria. Eres tú quien tiene la responsabilidad como individuo, en pararte firme con Dios dando testimonio, o renunciando tu fe y testimonio por el Reino. Dios no se preocupa por tus posesiones. Él se preocupa por tu alma. Esa es la parte tuya, que celebrará en armonía, con la Triunidad. Esa es la parte tuya, que se integrará en la eternidad, en eterno servicio, en agradecimiento de Su amor por ti.

Dios le responde a Satanás: *"He aquí, todo lo que tiene está en tu mano: solamente no pongas tu mano sobre él. Y salióse Satán de delante de Jehová."* Dios concede el permiso. Note que Satanás no puede tomar cartas en sus propias manos con los hijos de Dios. Permiso debe ser concedido. Se le otorgará permiso al adversario, si Dios está seguro que usted puede superar lo que el adversario tiene planeado para su vida. Sin embargo, esto no quiere decir que vas a descuidar tu relación con Dios. Usted tiene una responsabilidad en relación a su salvación, por Cristo Jesús. [*1 Pedro 5:8 "Sed templados, y velad; porque vuestro adversario el diablo, cual león rugiente, anda alrededor buscando a quien devore."*]

A Satanás se le concedió permiso para atacar todas las posesiones de Job pero no al hombre. El adversario no perdió tiempo y salió de la presencia de Dios. Atacó sin piedad. Él tomó todo lo que Job tenía, incluso sus hijos.

¿Cómo tomó esto Job? [*Job 1:20 "Entonces Job se levantó, y rasgó su manto, y trasquiló su cabeza, y cayendo en tierra adoró"*]

Job se puso de pie. ¡Él lo tomó como un hombre! Afligido, rasgó su manto, afeitó su cabeza y se cayó sobre el polvo con la cara al suelo y adoró a Dios. En el versículo 21 el resume todo. [Job 1:21 *"Desnudo salí del vientre de mi madre, y desnudo tornaré allá. Jehová dio, y Jehová quitó: sea el nombre de Jehová bendito."*]

La Biblia lo resume de esta manera: [Job 1:22 *"En todo esto no pecó Job, ni atribuyó a Dios despropósito alguno."*] Job no maldice a Dios. ¡Satanás fue probado mal! ¿Qué hubiera hecho usted si hubiera perdido su granja, sus trabajadores, su ganado, sus finanzas, sus 10 hijos? ¿Pudiera alabar a Dios?

Satanás como el adversario, hace su trabajo muy bien. Él no se rindió con Job. En el segundo capítulo del libro de Job, él está de vuelta otra vez, a quejarse con Dios. El figura que como ya él no podía tocar al hombre, confrontaría a Dios una vez más, para demostrarle que estaba equivocado. [Job 2:4 *" Piel por piel, todo lo que el hombre tiene dará por su vida."*] Le dice a Dios, que cuando se trata de salvar su propio pellejo, el hombre hará cualquier cosa, para salvar su propia vida.

Hablemos acerca de cómo agregar insulto a lesión. Job todavía no se había recuperado de la primera prueba, sólo para encarar la otra, que era más personal e íntima.

Satanás va aún más lejos. Una vez más, le pide a Dios para que hiera al hombre en su hueso y carne. De seguro, Job iba a maldecir (mal hablar), a Dios en su cara. [Job 2:5 *"...extiende ahora tu mano, y toca a su hueso y a su carne, y verás si no te blasfema en tu rostro."*]

Una vez más, Dios concede el permiso para que el adversario atacara su cuerpo, pero con una condición. Satanás no puede atacar a su vida. [*Job 2:6 " He aquí, él está en tu mano; mas guarda su vida."*]

Satanás estaba feliz. Él consiguió su deseo. Él haría que vivir en hueso y carne, fuera lo más doloroso posible para Job. Estaba seguro, que esta era la manera para el hombre renunciar a Dios. De la cabeza a los pies, Satanás ataco a Job con una dolorosa sarna. Esto puede haber sido una forma de viruela. La viruela produce úlceras y forúnculos que irritan la carne, pican, dan fiebre y cada forúnculo tiende a exacerbar y supurar. Crea tal desesperación, que el enfermo quiere rayar todo el cuerpo a la vez, para encontrar cierto alivio de la picazón.

Cuando primero vine a U.S.A. como niño, me atacó un caso severo de varicela. Estaba tan afectado, que fui puesto en cuarentena en la casa, y no pude ir a la escuela, hasta que obtuviera certificación médica. Puedo relacionarme de primera mano, con una situación similar a lo que Job estaba atravesando. Tuve la suerte que los médicos y enfermeras pudieron tratar mi fiebre de adentro para fuera, con medicamentos. Mi mamá trataba mi cuerpo con calamina para calmar el picor. Tenía nueve años y todavía, llevo las cicatrices en mi cuerpo, para demostrar haber pasado la prueba.

Job no tenía los beneficios de un médico, enfermera o un botiquín de primeros auxilios. No había perros que lamieran sus heridas como en el caso de Lázaro. Prefería sentarse en las cenizas, como si esto pudiera haber ayudado en absorber la supuración corporal. Él utilizó una teja para raspar las áreas que más le picaban. Él debe haber estado tan enfermo, que su cuerpo hubiera olido de carne descompuesta. Su esposa vino para verlo y hasta dijo "maldice a tu Dios y muérete".

No se trataba de Hollywood: una vez hecho el rodaje, puede quitarse el maquillaje. El sufrimiento y la tortura eran la máxima expresión, de cómo sólo uno llamado Satanás, podía inducir aflicción para que este hombre maldijera a Dios. Si Job maldecía a Dios, Satanás había probado Dios mal. Pero Job, guardó su boca de no pecar contra Dios (versículo 10). [*Job 42:12 "Y bendijo Jehová la postrimería de Job más que su principio"*]

Mi amigo, mi hermano en Cristo: la humanidad tiene esta pregunta; ¿Por qué suceden cosas malas a gente buena? La respuesta es leer el libro de Job. Nunca estamos exentos de la soberanía de Dios. [*Santiago 1:12 "Bienaventurado el varón que sufre la tentación; porque cuando fuere probado, recibirá la corona de vida, que Dios ha prometido a los que le aman."*]

ESTRATEGIA DEL AGENTE DE PECADO CONTRA DIOS Y EL FUTURO DE LA HUMANIDAD

En Job capítulo 2 y verso 5, Satanás utiliza terminología citada por Adam: *"hueso y carne"*. La utiliza en el mismo orden como Adán. *"...extiende ahora tu mano, y toca a su hueso y a su carne, y verás si no te blasfema en tu rostro."* Esto nos lleva a nuestro principal punto de partida y el título de este libro – Hueso de Mi Hueso y Carne de Mi Carne.

Siguiendo la secuencia de eventos en el capítulo 2 del libro de Génesis, Dios crea al hombre, manda a comer libremente de todo fruto de todo árbol del jardín, pero del árbol del conocimiento del bien y del mal, él no debe comer, porque seguramente moriría.

El plan de Dios, implicó una familia tras su propio corazón, tal como la Triunidad. El hombre, sólo era el comienzo de la unidad familiar. Dios revisa el Plan maestro y considera el próximo paso de la creación, a la que exclama, *"no es bueno que el hombre esté solo. Le haré una ayuda idónea."* En otras palabras, le haré una de su propia especie. Sin embargo, antes de crear la ayuda idónea, decide crear cada bestia del campo y toda ave del aire para ver cómo el hombre iba a ponerles nombre. Después de esto, él pone el hombre a dormir y de su hueso y carne, Dios hace a la mujer.

Existe orden en toda la creación: la Triunidad (Padre, Hijo y Espíritu Santo); El Plan Maestro para toda la creación; Los Ángeles de diferentes clasificaciones; Los Cielos; Tierra; Sol Luna; Estrellas; Agua; Plantas; Animales del Océano; Hombre; Animales de la tierra; Mujer; Generaciones; Un pueblo elegido; Jesús; El Espíritu Santo; La iglesia; Restauración; Dominio - Reino.

Así que, tenemos El Gran Yo Soy, el Soberano, Todopoderoso, Creador de todo, cuya historia y origen, se revelarán, cuando, donde, cómo, a quién, sólo cuando sea apropiado y cuando él lo estime conveniente.

Tenemos el Plan Maestro. En él se manifiesta todo. Lo que está arriba, lo que esta abajo, el ayer, hoy, mañana, toda contingencia, cada pregunta, cada respuesta, nuestro ADN, el número de años de nuestra existencia, cada uno de nuestros cabellos contados, la historia del hombre desde el principio al fin, muchos que serán llamados y los pocos que serán elegidos, cada una de las profecías, cada uno de los pactos, los líderes, los amantes, los traidores, cada escenario y cómo se desarrolla y continua a lo infinito.

A continuación, tenemos los Ángeles. [*Salmo 103:20 "Bendecid á Jehová, vosotros sus ángeles, Poderosos en fortaleza, que ejecutáis su palabra, Obedeciendo a la voz de su precepto."*] Ángeles, arcángeles, serafines y querubines. Estos seres maravillosos, ministran a la Triunidad. Por nuestros estándares, de día y de noche; por sus estándares, eternamente. Protegen la gloria de Dios. Son los generales de Dios. Son defensores de las Naciones Unidas. Son seres de luz y viajan con la velocidad de rayos para ejecutar las órdenes de Dios. Obedecen las órdenes de Dios implícitamente y explícitamente. Nos ministran a nosotros siendo dirigidos por Dios, para traernos la palabra revelada según el Plan Maestro. Actúan como nuestros defensores a nivel espiritual. Nos protegen y acompañan por el valle de sombra de muerte. Pueden tomar forma humana y al hacerlo, son capaces de realizar funciones humanas. Existieron antes de la creación de la tierra.

El resto del orden: el cielo; la tierra; el sol; la luna; las estrellas; el agua; las plantas; los animales del océano; el hombre; los animales de la tierra; la mujer; generaciones; un pueblo elegido; Jesús; El Espíritu Santo; La Iglesia; restauración; Dominio - Reino; todo sigue el programa prescrito, como ha sido indicado por Dios en la Biblia.

En la secuencia de eventos, una vez el hombre y la mujer son creados, el mandato a [*Génesis 1:28 "sed fructíferos y multiplíquense, henchid la tierra y sometedla: y tengan dominio sobre los peces del mar y sobre las aves de los cielos y sobre todo ser viviente que se mueve sobre la tierra."*] fue dado por Dios.

En el capítulo 15 de este libro, leemos acerca de cómo Satanás fue instrumental en honrar a su definición de adversario. Nos enteramos de su astuta manera de tratar con la vida humana con el fin de conseguir que renunciemos que somos creación de Dios.

Como tal, en el principio, su estrategia para la corrupción de la humanidad entra en vigor. Puesto que había sólo dos seres humanos en el mundo, él no podía muy bien usar forma humana para influir a los mayordomos de esta nueva creación. Él no tenía de dónde agarrarse, en ninguna manera para manipular la situación. Tenía que actuar rápido. Esta era la primera unidad familiar. Si el pudiera de alguna manera afectarle, antes del nacimiento de su primer hijo, el resto de la humanidad estaría contaminada y luego él sería adorado por darle a los seres humanos, la capacidad de conocer el bien y el mal como Dios lo conocía.

La pregunta permanecía. ¿Cómo se allega a algo puro, inocente, sin pecado, sin haber nunca sido expuesto a este tipo de manipulación?

La clave en abrir una puerta cerrada desde el interior, es llamar o tocar desde el exterior. Todo depende, de que la persona que está adentro, si abre la puerta o no. En la sociedad de hoy, contamos con sistemas de seguridad y al menos una "mirilla", para evaluar si quien está fuera de la puerta, es digno de ser recibido a la puerta o entrar adentro. La persona en el interior, mira a ver si el que toca a la puerta, es un amigo, alguien de autoridad, o alguna otra fuente creíble. Bueno... cuando lo dejamos en las manos del mentiroso, el adversario a como descifrarlo, él lo hace. Su solución, no sólo afectaría a la humanidad, pero como bono, afectaría también el reino animal.

Adán fue hecho directamente por Dios y la mujer fue hecha por Dios, pero vino del hombre. Hasta cierto punto, se podría decir que la fe de Adán era más fuerte por ser creado primero, con la formación directa y huella en su ser, de la naturaleza divina de Dios. Eva, por el contrario, tenía a Adán en primer lugar como su huella y referencia física a la humanidad y a Dios en "segundo lugar", como referencia espiritual y divina. Esto es no quiere decir que ella era más débil. Sólo señala que estaba menos preparada hasta que Adán pasara más tiempo con ella. Como su ayuda idónea, Eva estaba confiada en Adán como Señor de esta nueva creación, para su formación y orientación.

[*Génesis 3:1 "Empero la serpiente era astuta, más que todos los animales del campo que Jehová Dios había hecho; la cual dijo a la mujer: ¿Conque Dios os ha dicho: No comáis de todo árbol del huerto?"*] La serpiente era más 'sagaz' o más sutil, más sabia, que cualquiera de las bestias del campo que Jehová Dios había hecho.

Muchas preguntas, rodean a este pasaje de la Escritura. ¿Quién o qué era esta serpiente que era más sabia que los demás animales? ¿Qué sabemos acerca de la serpiente en Génesis? Al parecer, era capaz de hablar, no era una amenaza, podía escuchar, era el macho de su especie, al parecer se movía en una forma erecta a lo largo del jardín y debe haberse visto comúnmente en el jardín. Eva no fue asustada por su aspecto o sorprendida de su comportamiento. ¿Por qué escogió la serpiente a Eva en lugar de Adán para su conversación?

La serpiente se utiliza en la escritura para representar a Satanás - (en Hebreo) significa adversario. Él es el enemigo de Jesús, los creyentes y la humanidad. Como aprendimos antes en el libro de Job, él es capaz de tomar forma angelical y es indistinguible de los otros ángeles. El que siempre le puede identificar por su naturaleza, carácter y cualquier forma que toma, es Dios. Su poder está limitado por Dios y a veces es un instrumento de la justicia de Dios. Él vive a la altura de su reputación como un mentiroso, engañador, tentador, asesino, ladrón y padre de mentiras. En la traducción griega de la Biblia se conoce como "diabolos" o diablo. Por cuanto él es el adversario, está en contra de todo lo que tiene que ver con los planes de Dios o que tenga que ver con Dios. Él es un ser angelical con rango y tiene una serie de seres espirituales que le siguen y le ayudan a hacer su trabajo sucio. Ellos son espíritus malvados, conocidos como "daemonium" o demonios. Los demonios también son enemigos de Dios. Se dice que los demonios son ángeles que se rebelaron contra Dios. Esto es lo que la Biblia dice acerca de Satanás, el diablo y los demonios.

> [Mateo 8:16 *"Y como fue ya tarde, trajeron a él muchos endemoniados: y echó los demonios con la palabra, y sanó a todos los enfermos."*]

> [Mateo 10:1 *"Entonces llamando a sus doce discípulos, les dio potestad contra los espíritus inmundos, para que los echasen fuera, y sanasen toda enfermedad y toda dolencia."*]

> [Mateo 12:43-45 *"Cuando el espíritu inmundo ha salido del hombre, anda por lugares secos, buscando reposo, y no lo halla. Entonces dice: Me volveré á mi casa de donde salí: y cuando viene, la halla desocupada, barrida y adornada. Entonces va, y toma consigo otros siete espíritus peores que él,*

y entrados, moran allí; y son peores las cosas últimas del tal hombre que las primeras: así también acontecerá a esta generación mala."]

[*Santiago 2:19 "Tú crees que Dios es uno; bien haces: también los demonios creen, y tiemblan."*]

[*Apocalipsis 16:14 "Porque son espíritus de demonios, que hacen señales, para ir a los reyes de la tierra y de todo el mundo, para congregarlos para la batalla de aquel gran día del Dios Todopoderoso."*]

[*Lucas 4:41 "Y salían también demonios de muchos, dando voces, y diciendo: Tú eres el Hijo de Dios. Mas riñéndolos no les dejaba hablar; porque sabían que él era el Cristo."*]

[*Mateo 25:41 "Entonces dirá también a los que estarán a la izquierda: Apartaos de mí, malditos, al fuego eterno preparado para el diablo y para sus ángeles."*]

[*Apocalipsis 12: 7-9 "Y fue hecha una grande batalla en el cielo: Miguel y sus ángeles lidiaban contra el dragón; y lidiaba el dragón y sus ángeles. Y no prevalecieron, ni su lugar fue más hallado en el cielo. Y fue lanzado fuera aquel gran dragón, la serpiente antigua, que se llama Diablo y Satanás, el cual engaña a todo el mundo; fue arrojado en tierra, y sus ángeles fueron arrojados con él."*]

[*Efesios 6:12 "Porque no tenemos lucha contra sangre y carne; sino contra principados, contra potestades, contra señores del mundo, gobernadores de estas tinieblas, contra malicias espirituales en los aires."*]

Basado en esta información, creo que la serpiente representada, hablando con Eva, es el diablo tomando la única forma que él podía en el comienzo, con el fin de tentar a Eva para desobedecer a Dios e introducir el pecado (la desobediencia), en la humanidad.

La serpiente entra en conversación con la mujer. Esto no le debe chocar que la serpiente hable. Antes de hacer la mujer, Dios crea los animales y los trae ante Adán a para ser nombrado. Esto nos indica que los animales en un principio, eran capaces de entender el lenguaje humano, tal como lo fue entonces. Su capacidad de comprensión puede haber sido limitada, pero tenían comunicación. Si damos un paso adelante, en el tiempo de Noé, antes del diluvio, él llamó a los animales y ellos vinieron. Es muy interesante tomar en cuenta en esa historia, que los animales vinieron como Dios dijo. Llegaron de dos en dos, en pares, representando cada una de las especies conforme a su género. No estaban peleando sobre quién entraría primero, segundo o último. Escucharon la voz de Dios a través de Noé. Llegaron al lugar indicado a tiempo. Se metieron en el arca en su espacio asignado y se comportaron consecuentemente. Se llevaron bien entre sí para el viaje de la preservación y liberación. Noé no recibió la misma respuesta de los seres humanos de su tiempo. En algún lugar de esta historia hay una lección para nosotros los seres humanos.

NO SOLO CUALQUIER ÁRBOL – NO SOLO CUALQUIER FRUTA

En cuanto a la serpiente, con todos sus atributos, puede haber sido el único animal con razonamiento, capaz de establecer diálogo y tal vez con su sabiduría, tener credulidad. Tenía que estar presente siempre que Dios estaba hablando a Adán en el jardín. Sus preguntas eran todo lo contrario de lo que se dijo originalmente. Uno podía decir que el diálogo interactivo entre Eva y la serpiente, era contrario o contradictorio. Consideremos la conversación entre la serpiente y Eva.

Serpiente-

Génesis 3:1 "¿Conque Dios os ha dicho: No comáis de todo árbol del huerto?"] En otras palabras, "*Dios dijo que no se debe comer de todo árbol del jardín.*" Note la sutileza de especificar "*no comer de todo árbol.*" Esto no es lo que Dios había dicho. La serpiente estaba reformulando las palabras de Dios. Estaba estirando la verdad lo suficiente, para que Eva sacara su propia conclusión.

La serpiente vio una oportunidad para impactar al

miembro más nuevo de la creación. Eva no vino "directamente" de Dios. Ella vino desde los mismos huesos y carne de Adán. Parece que no tenía la fe de una relación espiritual fuerte, como la que se había desarrollado entre Dios y Adán.

Al haber venido de Adán, Eva no tenía otra contraparte humana con quien comparar o compartir información. ¡Ella y Adam eran los únicos! Su relación directa había sido con Adán, asi como la relación de Adán era fuerte con Dios. El haber venido de Adán como hueso de su hueso y carne de su carne, Eva dependía de Adan para instrucción, dirección, interpretación de los sentimientos humanos y emociones que encontraba en su desarrollo.

Al comprender su propósito, destino y legado, ella considera su meta, el de ayudar a Adán a cumplir con su propósito, destino y legado. Habiendo escuchado de este árbol del conocimiento del bien y del mal, a ella le puede haber parecido como una buena manera, de ser una mejor compañera para Adán.

El propósito de su existencia sería definitivamente el rol más grande en esta creación. Eva estaba curiosa, en aprender y entender su rol y posición con respecto a la humanidad. No había alarmas que sonaran en un corazón de pura inocencia. Por eso, ella responde a la pregunta de la serpiente.

Eva –

[*Génesis 3:2,3 "Y la mujer respondió a la serpiente: Del fruto de los árboles del huerto comemos; mas del fruto del árbol que está en medio del huerto dijo Dios: No comeréis de él, ni le tocaréis, porque no muráis."*] Eva se inicia en el camino correcto, *"Del fruto de los árboles del huerto comemos."* En la segunda parte de su respuesta parece olvidar un detalle importante. **Notemos**: *"...mas del fruto del árbol que está en medio del huerto..."* Su declaración, parece indicar que había un sólo árbol en vez de dos, o que ya en su mente, este árbol particular, le intrigaba. Ella puede haberle observado o haberle visitado con frecuencia.

Habían (2), dos árboles en medio del jardín. [*Génesis 2:9 "...el árbol de vida en medio del huerto, y el árbol de ciencia del bien y del mal."*] Allí estaban el árbol de la vida y el árbol del conocimiento del bien y del mal. Su tercera frase, parece indicar que fue absorbida en la curiosidad acerca de lo que Dios había dicho y lo que Adan le había enseñado sobre el árbol. Sus palabras a la serpiente: *"...ni le tocaréis, porque no muráis."* Dios nunca dijo que no podía tocarlo. Él dijo: [*Génesis 2:17 "Mas del árbol de ciencia del bien y del mal no comerás de él; porque el día que de él comieres, morirás."*] Dios especificó el árbol. Él dijo, del árbol del conocimiento del bien y del mal, no comerás de él. Él nunca dijo nada acerca de tocarlo. Parecería que ella consideraba que no había nada de malo tocar el árbol. Tal vez incluso el concepto de muerte no se había forjado en su mente.

Por ser el animal más prudente en el jardín, la serpiente no ofreció mucha ayuda a la causa de Eva. Nunca ofreció una corrección a su declaración y al cabo se fue con el flujo.

Serpiente –

[*Génesis 3:4, 5 "...Entonces la serpiente dijo a la mujer: No* moriréis; mas sabe Dios que el día que comiereis de él, serán abiertos vuestros ojos, y seréis como dioses sabiendo el bien y el mal."*] Parece que la serpiente tenía un dato que desconocía Eva. *"¡No vas a morir!"* es lo que decía la serpiente. En este momento de su vida, Eva puede no haber sido testigo de lo que fuera muerte. Lo qué puede haber sido real en su mente, era que el árbol de la vida junto al árbol del conocimiento del bien y del mal, si la muerte viniera, ella podía llegar al árbol de la vida, comer esa fruta y no morir. Por supuesto, no estábamos allí. Todo lo que tenemos es lo que ha sido escrito.

La Serpiente continua: *"sabe Dios que el día que comiereis de él…"* como si fuera a decir "*Dios es consciente de que cuando comas de este árbol algún día*". Cuando eso suceda. En ese día en particular *"serán abiertos vuestros ojos, y seréis como dioses sabiendo el bien y el mal."*

Habiendo dicho que: *"serán abiertos vuestros ojos"* la serpiente no estaba dando a entender que sus ojos estaban cerrados, pero que su comprensión se abriría a un nuevo tipo de conocimiento. Ella y Adán estarían en el mismo nivel de comprensión en cuanto a lo bueno y lo malo, como la Triunidad. Desde este punto hacia adelante, no escuchamos más de la serpiente astuta.

DESEO/LUJURIA – LA LLAVE QUE ABRE EL CONOCIMIENTO DEL BIEN Y DEL MAL

Esto es lo que la Biblia dice en [*Génesis 3:6 "Y vio la mujer que el árbol era bueno para comer, y que era agradable a los ojos, y árbol codiciable para alcanzar la sabiduría; y tomó de su fruto, y comió; y dio también a su marido, el cual comió así como ella."* Antes que discutir este versículo, tenemos que volver a *Génesis 2:9* donde dice lo siguiente: *"Y había Jehová Dios hecho nacer de la tierra todo árbol delicioso a la vista, y bueno para comer"*. La frase clave, que queremos ver en el versículo 9 es, *"todo árbol delicioso a la vista, y bueno para comer"*. Cuando, o qué día, la mujer se encuentra admirando este árbol, no se especifica en la Biblia.

Notemos que la mujer vio exactamente lo que Dios quería que ella viera: *"la mujer vio que el árbol era bueno para comer, y que era agradable a los ojos"*. Su obediencia a Dios estaba aún intacta hasta este punto. Sin embargo, según podemos leer más adelante, nos damos cuenta de la siguiente frase: *"árbol que era agradable a los ojos, y árbol codiciable para alcanzar la sabiduría"*.

> [*Jeremías 17:9 "Engañoso es el corazón más que todas las cosas, y perverso..."*]

> [*Santiago 1:14, 15 "Sino que cada uno es tentado, cuando de su propia concupiscencia es atraído, y cebado. Y la concupiscencia, después que ha concebido, pare el pecado: y el pecado, siendo cumplido, engendra muerte."*]

La mujer parece que dejo de buscar la información objetiva de los conocimientos que había recibido de Dios y Adán y empieza a procesar en su propia mente *"un árbol deseable para hacer a uno sabio"*. De la conversación de Eva con la serpiente, fue implantado un pensamiento en su mente. Ella tomo la verdad de lo que Dios dijo, con una pequeña desviación deliberada, pero implantado por la serpiente y viene con su propia conclusión – *"el conocimiento que deseo y la sabiduría que necesito."* La tentación, por lo tanto, viene de adentro. Se necesita un esfuerzo consciente, una lujuria, un deseo, para pecar. El estímulo puede venir fuera del cuerpo, pero es la persona, quien peca deliberadamente desde el interior.

El diablo o Satanás no lo hace pecar. ¡Usted peca! Satanás es un agente de engaño, entre otros términos que ya hemos presentado. Tenga en cuenta que el arrepentimiento no es para el diablo o Satanás. Es para los seres humanos, que necesitan traer de vuelta, su mente pecaminosa de deseos egoístas. El arrepentimiento es para los seres humanos que han sido esclavizados en pensar que están en lo correcto, o justificados, en disfrutar o hacer lo que ellos piensan que está correcto. Sin pensar o enfrentar a las consecuencias del estilo de vida que están viviendo, la humanidad recibirá el mismo juicio que Satanás.

> [*Mateo 25:41 "Entonces dirá también a los que estarán a la izquierda: Apartaos de mí, malditos, al fuego eterno preparado para el diablo y para sus ángeles..."*]

Mi querido lector, no saltes a conclusiones todavía. Tenemos unas cuantas cosas más que tener en cuenta.

> El estímulo puede venir fuera del cuerpo, pero es la persona, quien peca deliberadamente desde el interior.

Unas preguntas vinieron a mi mente y quizás usted pueda tener algunas propias. ¿Dónde estaba Dios durante esta conversación de la serpiente/Eva? ¿Dónde estaba Adán? ¿Por qué Dios permite esto pasar delante de él?

Cuando reflexionaba sobre estas preguntas, el Espíritu Santo me proporciono perspicacia. En cuanto a la pregunta de ¿dónde estaba Dios? ¡Dios estaba allí! Obviamente él estaba viendo cómo la primera pareja humana, iba a hacer frente a esta situación. Este planeta iba a ser su dominio. Ellos necesitaban comenzar a tomar responsabilidad de lo que le fue dado. Dios ya tenía un plan de redención, integrado en su Plan Maestro, para cualquier decisión que se tomara.

¿En cuanto a dónde estaba Adán? Adán estaba con Eva. Leemos en [*Génesis 3:6 "...y tomó de su fruto, y comió; y dio también a su marido, el cual comió así como ella."*] Adán estaba allí durante el diálogo y cuando Eva tomó el fruto, comió de él, le dio a Adan, y él también comió del fruto.

Me imagino que Adán también estaba intrigado por el fruto del árbol del conocimiento del bien y del mal y estaba escuchando la conversación entre la serpiente y Eva. En su mente, él puede haber estado cuestionando lo que Dios había dicho acerca de la muerte en relación con este árbol. Adam no ofrece ninguna resistencia o argumento a Eva mientras ella comparte la fruta con él. Eva no lo sedujo. El deseo de su corazón es lo que lo llevó a comer de la fruta. Una vez más, la soberanía de Dios permitió que esto sucediera, ya que la humanidad necesitaba tomar decisiones por su propia cuenta.

Dentro de esa soberanía como Padre de Adán y Eva como primera familia e hijos de la Triunidad, Dios necesitaba intervenir y hacer frente a la desobediencia o pecado. Allí, él puso límites. Era necesario establecer una prioridad en esta nueva creación de Dios. La infección del pecado a la humanidad, necesitaba ser juzgada, antes de que se extendiera al resto de la humanidad, aún no nacida.

[*Génesis 3:7 "Y fueron abiertos los ojos de entrambos, y conocieron que estaban desnudos: entonces cosieron hojas de higuera, y se hicieron delantales."*] Los efectos de la fruta fueron aparentemente instantáneos. Se miraron y se dieron cuenta que estaban desnudos. En otras palabras, se vieron desnudos y se avergonzó uno del otro "privada y personalmente". Cosieron hojas de higuera y se hicieron delantales. ¡La Transparencia fue derrotada! El gran encubrimiento comienza. Una representación metafórica de mentiras: un delantal de hojas de higuera.

Si te detienes a pensarlo, esto fue un arreglo temporal a lo que el hombre no le dio mucha importancia. Fue una solución rápida y sin mucho esfuerzo. *"Vamos a hacer un delantal de hojas de higuera."* No pensaron que las hojas se marchitarían, se secarían y finalmente tendrían que ser reemplazadas. Su desnudez volvería nuevamente al día siguiente. He aquí, otro efecto de la fruta del árbol: soluciones transitorias a un problema de largo plazo.

Hombre y mujer, esposo y esposa desde el principio eran transparentes con Dios y con ellos mismos. Desnudez era parte de su transparencia. No había ninguna vergüenza. No existía la culpa.

Todo lo que se tomó para cambiar el medio ambiente fue lujuria: un deseo personal de ir más allá del mandato de Dios. Todo lo que se tomó para este cambio drástico, fue una sola persona. Una persona muy importante, alentando el deseo de su corazón por una influencia externa.

La transparencia entre Dios, hombre, mujer y naturaleza, habían sido cortadas. El hombre ya no se miraría cara a cara con Dios o con su prójimo. La cadena de acontecimientos de un furioso conocimiento sin la sabiduría y el conocimiento de Dios, desato la estrategia malvada de lo que la serpiente esperaba que sucediera. Los ojos de ambos fueron abiertos: el conocimiento de nuevos conceptos, ideas, travestías, trampas, tramposerías, complots de uno contra el otro por la humanidad, odio, rabia y un sinfín de innumerables emociones y deseos, eran ahora parte de la humanidad. Se había abierta una especie de "La Caja de Pandora".

[*Génesis 3:8 "Y oyeron la voz de Jehová Dios que se paseaba en el huerto al aire del día: y escondióse el hombre y su mujer de la presencia de Jehová Dios entre los árboles del huerto."*]

Habiendo comido del árbol, Adán y su esposa están caminando en el jardín en el fresco del día, posiblemente en horas de la tarde. Dios había venido a reunirse con ellos; tal vez en un lugar acostumbrado en el jardín, a recapitular los acontecimientos del día. No encontrándolos allí, Dios llama a Adán, ¿dónde estás?

La culpa por la desobediencia y el temor de la muerte, fue tan fuerte sobre ellos, que temía mirar el rostro de Dios. Ellos se escondieron entre los árboles.

Aquí, se establece una consecuencia de la desobediencia: miedo. Otra consecuencia: tratar de ocultarse del rostro de Dios. El problema: usted no puede ocultarse de un Dios que puede verlo todo.

¿Sabía Dios donde estaban? ¡Sí! ¿Sabía El por qué se ocultaban? ¡Sí! ¿Por qué Dios hace la pregunta de dónde estás, si ya sabía su condición y su ubicación? Creo que es porque Dios tenía una relación muy cercana con sus hijos. Él quería que le respondieran con la verdad sobre su situación y su estado actual. Él también llamó a Adán, porque él estaba encargado como jefe de la casa y mayordomo de la nueva creación.

Adan responde. [*Génesis 3:10 "Oí tu voz en el huerto, y tuve miedo, porque estaba desnudo; y escondíme."*] Adán dice; cuando fue llamado, *"tuve miedo porque estaba desnudo y me escondí."* No hubo ningún "*nosotros*" (como en mi esposa y yo), en su declaración. Por temor a represalias, sólo pensó en sí mismo.

Los efectos del fruto del árbol, fueron creciendo raíces y ramas dentro de la mentalidad de la humanidad. Miedo, clandestinidad, autoconciencia y vergüenza.

[*Génesis 3:11 "¿Quién te enseñó que estabas desnudo? ¿Has comido del árbol de que yo te mandé no comieses?"*] En otras palabras, Dios está preguntando - ¿cómo llegó este conocimiento de que estás desnudo? ¿Han comido del árbol que le dije que no comieran? ¿Has desobedecido mi mandamiento?

[*Génesis 3:12 "La mujer que me diste por compañera me dio del árbol, y yo comí."*] Adán responde a Dios. Fue la mujer que me diste. Ella me dio del fruto del árbol y yo comí.

El fruto del árbol del conocimiento del bien y del mal sigue afectando el pensamiento humano. Aplaza la consecuencia de su condición a la esposa. La desobediencia no acepta culpa. La culpa es siempre de otra persona. La humanidad no quiere hacerse dueña de la desobediencia o pecado, porque lleva la pena de muerte.

> Una vez que asumes la naturaleza de pecado, pierdes tu transparencia por el temor. Se pierde la claridad del pensamiento. No ves la consecuencia a largo plazo de tus acciones.

Una vez más, los efectos del fruto: pensamiento a corto plazo. Adan no se da cuenta, que indirectamente, con sus palabras, está confesando que es culpa de Dios, por la esposa que le dio. Casi como si para decir, "*no hubiera pecado, si no me hubieras dado a esa mujer*". Una vez que asumes la naturaleza de pecado, pierdes tu transparencia por el temor. Se pierde la claridad del pensamiento. No ves la consecuencia a largo plazo de tus acciones. Te coses un delantal de hojas de higuera y te lo pones. Te olvidas que al día siguiente tus hojas se han marchitado y están muertas. Necesitas volver a cubrirte una vez más. Tú necesitas una solución más duradera.

[*Génesis 3:13 "Entonces Jehová Dios dijo a la mujer: ¿Qué es lo que has hecho? Y dijo la mujer: La serpiente me engañó, y comí."*] Dios confronta ahora a la mujer. "*¿Qué has hecho? Explícate*". Eva rápidamente consideró la respuesta que Adan había dado. Habiendo escuchado la acusación de su esposo, ella defiende su parte de la desobediencia defiriendo a la serpiente. Ella dice: "*la serpiente me sedujo/me engañó; por eso comí del fruto.*"

Aun se presenta otro efecto del fruto. Ahora tenemos acusación y complicidad.

Las ramificaciones exponenciales del fin de la humanidad, por haber desobedecido el mandamiento de Dios, son consideradas por la Triunidad. El plan de redención predeterminado por Dios, dentro del Plan Maestro, entra en vigencia por el acto humano de la desobediencia. Todo termina ante el tribunal divino donde el destino de esta nueva creación, en su infancia, llega a ser juzgado por un justo, trino Dios.

COMIENZA EL JUICIO PARA SATANAS Y LA HUMANIDAD

[*Génesis 3:14, 15 "Y Jehová Dios dijo a la serpiente: Por cuanto esto hiciste, maldita serás entre todas las bestias y entre todos los animales del campo; sobre tu pecho andarás, y polvo comerás todos los días de tu vida: Y enemistad pondré entre ti y la mujer, y entre tu simiente y la simiente suya; ésta te herirá en la cabeza, y tú le herirás en el calcañar."*] Dios en su Triunidad ahora se dirige a la serpiente como el instrumento dispuesto de Satanás y a Satanás por haber utilizado a la serpiente como su instrumento de engaño: *"Por cuanto esto hiciste…"* En otras palabras, por cuanto de tu propia mente, has creado, diseñado, ideado esta estrategia, *"maldita serás"* - eres maldecida. Tus privilegios, forma y habilidades que tenías antes, son revocados. Tu maldición será: *"eres maldita entre todas las bestias y entre todos los animales del campo"* - mayor que la de los animales domesticados o salvajes. *"sobre tu pecho andarás."* Te arrastrarás sobre tu vientre: *"polvo comerás todos los días de tu vida."* Ya que estaría arrastrándose sobre su vientre, el destino de la serpiente sería uno, donde el polvo de la tierra estaría para siempre en su cara y en su boca.

También puede haber sido un recordatorio a la serpiente, que por haber decidido a intervenir con la humanidad que fue hecha del polvo, la humanidad siempre estaría en su cara y en su paladar por las generaciones venideras.

[Génesis 3:15 *"Y enemistad pondré entre ti y la mujer, y entre tu simiente y la simiente suya; ésta te herirá en la cabeza, y tú le herirás en el calcañar."*] Dios se fue directo. Pondré enemistad entre ti como la serpiente y la mujer. Esta enemistad será generacional entre tu semilla y su semilla.

Usted se estará diciendo a sí mismo, "*espere un minuto, la mujer no tiene la semilla. El hombre lleva la semilla. Ella acepta la semilla de hombre, la nutre y se la devuelve en forma de vida a él.*" Esto es cierto. Pero en la mujer, había otra semilla. Una semilla que no vendría departe de Adán. Sería la semilla de la redención. Seria colocado allí por la Triunidad para que germinara cuando la humanidad no pudiera redimirse por sí misma. Fue un "salvaguardia". Es por eso que nuestro Dios es tan grande. Tomó cada contingencia en consideración y las pre-planifico en su Plan Maestro.

Al principio de nuestra historia, he hablado con Usted sobre cómo Adán recibido ADN espiritual. He hablado con usted sobre cómo el ADN físico de Adán, tenía el genoma «XX». Le explique cómo, cuando Adán fue puesto a dormir, Dios obtuvo desde la médula de su costilla, materia para hacer de él su ayuda idónea. También expliqué cómo la mujer llegó a tener el genoma de "XX" en su ADN actual y cómo el hombre ahora tiene el genoma de "XY". El hombre no perdió una costilla, perdió una parte del genoma «XX» con el fin de cumplir con su destino, de multiplicar y enriquecer la tierra con la humanidad. La semilla de Adán junto con Eva; hueso de su hueso y carne de su carne, produciría la descendencia para poblar el planeta.

[Génesis 2:7 *"...fue el hombre en alma viviente."*] Por medio de la respiración en el hombre creado por Dios, el ADN espiritual fue transferido a su ser físico. Recibió dos clases de semilla, una física que activaba su carne y hueso y una espiritual, que activaban su esencia con la Triunidad. El alma: la esencia de la vida de Dios, infundido en el ADN físico, se convirtió en la huella digital que hace del hombre propiedad de Dios. Ese es el mecanismo salvaguardia de toda humanidad.

Dios le estaba diciendo a la serpiente, que la simiente de la mujer conquistaría la maldición de muerte traída sobre el alma del hombre, por comer del árbol del conocimiento del bien y del mal. La naturaleza pecaminosa fue el plan estratégico de Satanás. Por esta razón, ataca a Eva. El pecado que ahora era parte de ella, sería una parte de todos los nacidos de ella.

El adversario intentó ganarse la adoración de la humanidad, introduciendo un desenfrenado conocimiento que hubiera puesto a la humanidad en el mismo camino de destrucción por la cual él iba. Dios había previsto su estrategia. Dios se había preparado para él. La Triunidad colectiva había llegado a un acuerdo de que cuando el adversario lanzara su ataque, una semilla espiritual, que no hubiera sido manchada por la desobediencia, apareciera a través del útero de la mujer, para salvar a la humanidad. El Hijo de Dios, Cristo Jesús, nacido de Dios, sin contaminación de la semilla de la serpiente, conduciría a la humanidad hacia su camino correcto y a la Unión de Dios Padre.

La simiente de la mujer rompería el hilo de maldad que Satanas introdujo, sobre la voluntad de la humanidad. La simiente de la mujer por su ejemplo, sus enseñanzas, la fe y la esperanza que traería, rompería la maldición de la muerte. La semilla que la serpiente había sembrado, continuaría mordiendo el talón de la humanidad. A medida que continuara de generación tras generación, atacando el talón del hombre (como en el talón de Aquiles), para tratar de derribar al hombre con su veneno, sus mentiras, engaño, acusaciones, torciendo la verdad, sembrando la duda en la semilla de Adán, finalmente, la simiente de la mujer le aplastaría la cabeza.

¡Era una advertencia! Te entremetiste con la inocencia de mi creación, confundiendo los pensamientos en su cabeza. Eventualmente esos inocentes llegarán a conocer la verdad y la verdad os hará libres. Esa verdad se parará en tu fundamento del bien y del mal, y destruirá la cabeza de donde se originó.

[*Génesis 3:16 "A la mujer dijo: Multiplicaré en gran manera tus dolores y tus preñeces; con dolor parirás los hijos; y a tu marido será tu deseo, y él se enseñoreará de ti."*] Dios le dice a la mujer que el dolor del nacimiento será muy fuerte. Cuando tienes un hijo, sabes lo que es dolor. Mi interpretación de lo que Dios había dicho: "En el jardín, el deseo de la mujer por adquirir conocimiento, la condujo a comer del fruto prohibido. Ese acto de desobediencia, traería dolor a la humanidad. El dolor que sentiría al parir, seriá un recordatorio constante de su desobediencia. Yo, tenía que ser el objeto de tu deseo. Sin embargo, tu mayor deseo de ahora en adelante, será tu esposo. Tú estarás sometida a él. Él será tu Señor. Él te gobernará. Él se enseñoreará de ti. Bueno o malo, tú desearas al hombre. Tú te someterás a él". Desde ese día en adelante, la mujer no se reconocería como igual, porque el hombre llegó a ser Señor sobre su vida. Tenga en cuenta que Sara, esposa de Abraham, después de Eva, recuerda las palabras de Dios. [*Génesis 18:12 "Rióse, pues, Sara entre sí, diciendo: ¿Después que he envejecido tendré deleite, siendo también* **mi señor** *ya viejo?"*]

[*Génesis 3:17 "Y al hombre dijo: ...maldita será la tierra por amor de ti; con dolor comerás de ella todos los días de tu vida."*] Mi interpretación: Dios le dice a Adán – en lugar de escucharme y ser obediente, escuchaste la voz de tu esposa. Esto es lo que va a suceder. La tierra no va a ser tan buena como lo era antes. Era agradable y fácil atenderla. Ahora, el suelo va a ser duro, seco, tiene rocas y piedras, árboles, troncos y toda clase de desechos. Estos tendrán que ser limpiados antes de que la puedas sembrar. Crecerán las malas hierbas de todo tipo que invadirán el suelo. Vas a tener que trabajar muy duro a fin de que la tierra te produzca su alimento. Tendrás que trabajar esta tierra por el resto de tu vida.

[*Génesis 3:18 "Espinos y cardos te producirá, y comerás hierba del campo."*] Creo que esto quiere decir; la tierra producirá hierbas y plantas que tendrán espinas y asperezas que te lastimarán mientras trabajas para cultivar tus alimentos.

De hecho, también aprenderás a comer y utilizar hierbas y gramíneas que crecen en tu campo para la confección de los alimentos.

[*Génesis 3:19 "En el sudor de tu rostro comerás el pan hasta que vuelvas a la tierra; porque de ella fuiste tomado: pues polvo eres, y al polvo serás tornado."*] Interpreto que esto significa: Mientras tú trabajes cada día para limpiar el terreno, sacando las malas hierbas y protegiendo a las plantas que crecen para tu alimento, desde que sale sol hasta cuando se pone, vas a sudar. Este es el precio de tu desobediencia. Para comer, tendrás que trabajar y sudar. Se continuará este ciclo hasta que mueras. Como recordatorio; viniste del polvo y al polvo volverás.

[*Génesis 3:21 "Y Jehová Dios hizo al hombre y a su mujer túnicas de pieles, y vistiólos."*] Incluso en el curso de disciplinar a Adán y Eva, se muestra la misericordia de Dios. Él sabía que los delantales de hojas de higuera no eran la cubierta apropiada por la vergüenza que había venido y que prevalecería en sus vidas y las vidas de las generaciones venideras. Puede haber sido la manera de Dios demostrarles a ellos que esta experiencia le costaría la vida. Vidas inocentes serian sacrificadas. Esta sería la razón para este paso. Dios pudo haber tenido que matar a un animal inocente con el fin de proporcionar una mejor cobertura para su vergüenza: abrigos de pieles. Este sacrificio hablaría proféticamente a la simiente de la mujer. El cordero del sacrificio que le quitaría el pecado a la humanidad. El cordero que sería asesinado para cubrirnos con su sangre como rescate por nuestros pecados y serviría como un manto de misericordia ante los ojos de Dios.

[*Génesis 3:22-24 "Dijo Jehová Dios: He aquí el hombre es como uno de Nos sabiendo el bien y el mal: ahora, pues, porque no alargue su mano, y tome también del árbol de la vida, y coma, y viva para siempre: Y sacólo Jehová del huerto de Edén, para que labrase la tierra de que fue tomado. Echó, pues, fuera al hombre, y puso al oriente del huerto de Edén querubines, y una espada encendida que se revolvía á todos lados, para guardar el camino del árbol de la vida."*]

Es triste leer, como la primera familia no fue lo suficientemente fuerte para resistir a la tentación. La fuente misma del conocimiento, su Creador, estuvo siempre presente para proveer para sus necesidades, deseos, preguntas y desarrollo. La Triunidad respeta su creación. Dios sabía que era bueno. Amaba a su familia. Él quería que su familia creciera y se multiplicara bajo su cuidado. Quería verlos florecer como los árboles y plantas en su jardín. Sobre todo, creo que quería que su creación le reciprocara su amor. Ese amor tenía que ser ganado, dado, compartido, demostrado y respetado. Como el amor perfecto en la Triunidad, asi debiera de venir el amor del corazón de esta nueva creación. No podía ser exigido, tenía que crecer y desarrollarse. ¡Qué lección para la humanidad…la humildad de la Triunidad!

En este principio, Dios declara que el hombre se había convertido en uno de la Triunidad, sabiendo el bien y el mal. Corruptos como hombre, un plan de redención fue puesto en vigor por la Triunidad. El árbol de la vida fue protegido. Si Adan hubiera comido del árbol de la vida en su estado dañado, el hombre nunca había sido capaz de obtener la oportunidad de redención. Volviendo al jardín del Edén y comiendo del árbol de la vida, la naturaleza pecaminosa hubiera costado a la humanidad su vida. Si ese hubiera sido el caso, nosotros nunca hubiéramos sido una parte de esta historia.

El jardín del Edén era como el primer tabernáculo. Era el modelo perfecto de la iglesia o sinagoga. No tenía paredes. Era el lugar para Dios y el hombre tener comunión en su morada. ¡Encantador!

El Plan Maestro de Dios todavía se está desarrollando. Él expulsó a la primera familia del huerto para que el Santuario no fuera contaminado. Puso querubines y una espada de fuego para bloquear el camino al árbol de la vida. Él nunca se rindió con la primera familia en aquel entonces. Él está todavía supervisando a sus hijos ahora. Somos la generación que hará la diferencia.

La historia de la humanidad, con todos sus contrastes y manifestación del fruto del árbol del conocimiento del bien y del mal y el príncipe serpiente que ahora tiene dominio sobre ellos, está escrita en la Biblia. Dios no cubre nuestra historia pasada sangrienta y oscura. Nos da los detalles crudos. En blanco y negro, en las páginas de los libros de la verdad: la Biblia. Ese libro, la Biblia, es el Plan Maestro para la humanidad. Ese plan es el que está siendo seguido por la Triunidad.

La humanidad, el planeta, el cielo y la tierra, como nosotros ya sabemos, serán restaurados. Va a ser el paraíso que estaba destinado a ser. Ya viene el cambio de imagen. Dios está eligiendo para sí un pueblo que se convertirá en un Reino de Sacerdotes y Gente Santa.

[*Éxodo 19:6 "Y vosotros seréis mi reino de sacerdotes, y gente santa."*]

[*1 Pedro2:9, 10 "Mas vosotros sois linaje escogido, real sacerdocio, gente santa, pueblo adquirido, para que anunciéis las virtudes de aquel que os ha llamado de las tinieblas a su luz admirable. Vosotros, que en el tiempo pasado no erais pueblo, mas ahora sois pueblo de Dios; que en el tiempo pasado no habíais alcanzado misericordia."*]

HUESO DE MI HUESO y CARNE DE MI CARNE / 140

JESÚS EL SEGUNDO ADAN

La simiente de la mujer se mantuvo inactiva durante miles de años. La humanidad seguía de mal en peor. El fruto del árbol del conocimiento del bien y del mal no sólo alimentaba la humanidad, fue engordando la serpiente. Todas las características que personificaban a Satanás, llegaron a frecuentarse en la humanidad. Mentira, engaño, asesinato, traición, odio, engaño, desobediencia; hermano contra hermano, hijos contra padres y padres contra hijos y amor de sí mismo.

La luz del verdadero entendimiento, sabiduría, ciencia, conocimiento, familia, junto con tantos otros dones de la Triunidad, ahora se encontraban envueltos en la oscuridad. Muchos, después de haber ido a la tumba con la fe que vendría un Redentor, oraban. Otros perdieron su fe y comenzaron a adorar a otros dioses.

Sólo un remanente parece mantener viva, la fe de un Redentor. Su advenimiento tenía que ser al momento preciso.

De ese remanente, profetas que mantuvieron su relación con la Triunidad, por encima de la marea creciente del lado oscuro de la humanidad, se convirtieron en la voz de Dios (Elohim).

[*Isaias 9:2 "El pueblo que andaba en tinieblas vio gran luz: los que moraban en tierra de sombra de muerte, luz resplandeció sobre ellos."*] Gente que había estado caminando en la ignorancia, cuya mente o juicio fue nublado; los que habían sido confundidos, los que fueron llevados por mal camino, cualquiera con la presencia de ánimo para ver, oír y aprender que la verdad vería una gran luz. Finalmente verían la verdad de la salvación, restauración y verdadera justicia.

Aquellos condenados a muerte por la culpa de la desobediencia desde Adán, serían testigos de la luz de liberación brillando sobre ellos. Incontables generaciones que murieron, que habitaron en la tierra de sombra de muerte; la "*luz del mundo*" quitaría a esa sombra. En la muerte, la luz que estaba en Él, descendería con él, a esa tierra con manto de sombra. Él daría testimonio, que la resurrección no era un mito.

[*Isaías 9:6 "Porque un niño nos es nacido, hijo nos es dado; y el principado sobre su hombro: y llamaráse su nombre Admirable, Consejero, Dios fuerte, Padre eterno, Príncipe de paz."*] Para el pueblo Judío, la nación de Israel, le nacería un niño. A través del vaso dispuesto de una mujer llamada Myriam o María, nacería. Para el resto de la humanidad, a través de la intervención divina, un hijo le sería dado. Sería un varón. Tenía que ser el primer nacido, para recibir todos los beneficios de un hijo primogénito. Sí, él vendría del pueblo escogido de Dios. Vendría de la nación del pacto. Sería un niño que nacería adentro de esa nación, de esa cultura, de esa fe.

Sería mucho más que un niño. Él sería el hijo de Dios. Este sería el regalo de salvación de la Triunidad para la humanidad, según fue previsto y puesto en ejecución conforme al Plan Maestro. Este "hijo" haría una diferencia. El no seguiría en los pasos humanos de su padre (Adán). Tenía que ser concebido a través de intervención divina para que la contaminación que fue transportada desde Adán, podría ser cancelada, inoculada y neutralizada.

[*Isaías 7:15 "Comerá manteca y miel, para que sepa desechar lo malo y escoger lo bueno."*] Esto significaba que él crecería igual que otros hombres. Él disfrutaría de la comida y seria parte de la comunidad con sus costumbres y rituales. No se trataría con ninguna diferencia, a alguien que naciera en su tiempo. Su desarrollo, habilidades sociales, educación, vocación y preparación para la vida no tendrían un tratamiento especial. Solamente por exponerse a la realidad del mundo en que nació en este niño, este hijo sería capaz de rechazar el mal y elegir todo lo que es bueno. El árbol del conocimiento del bien y del mal, cuyo valor nutritivo había influido a la humanidad incorrectamente hasta este momento, ya no se extendería, distorsionado el conocimiento sobre la humanidad a través de este niño; este hijo. Ser humano y sin embargo divino (como Adán), estaría sujeto a todas las tentaciones y fracasos de la humanidad. Siendo divino, él tenía la sabiduría y el conocimiento para tomar las decisiones correctas. El Hijo mostraría a la humanidad que es posible vivir en una vasija de barro y aún cultivar una vida espiritual. Un recipiente de barro, sería digno del Padre. Su ejemplo reivindicaría la ira del Padre por la sentencia de muerte. Su humildad, fe, amor, misericordia, compasión, justicia, mensaje, carácter y naturaleza sería testigo a su nación y al resto del mundo.

De manera que no se confundiera su identidad, la profecía hablo infaliblemente de su identificación y el poder que le fue dado: *"...el principado sobre su hombro."* Ley, justicia, juicio; la aplicación de entrega justa, equitativa y veraz en materia de fe y de derecho, en los asuntos de los hombres sería su carga de responsabilidad. Él establecería su reino y su gobierno.

Los nombres por el que sería reconocido determinaban la longitud y la amplitud de su autoridad:

Admirable – Capaz de actos maravillosos – milagros – actos que desafían las leyes de la ciencia o razón.

Consejero – Uno que da orientación o guía a otros o a uno que escucha a las preocupaciones de los demás y ofrece la mejor evaluación en un curso de acción.

Dios Fuerte – El Dios de poder – no poder abusivo pero firme y benevolente.

Padre Eterno – Lo que significa que, como Hijo, el sería la encarnación eterna de su Padre. Él representaría la relación eterna del Padre y de Hijo como una entidad.

Príncipe de Paz – Para hacer distinción entre su Padre como el rey y él mismo, como el Príncipe.

El segundo Adán fue un regalo. Él fue dado. [*Juan 3:16, 17* *"Porque de tal manera amó Dios al mundo, que ha dado a su Hijo unigénito, para que todo aquel que en él cree, no se pierda, mas tenga vida eterna. Porque no envió Dios a su Hijo al mundo, para que condene al mundo, mas para que el mundo sea salvo por él."*]

HUESO DE MI HUESO y CARNE DE MI CARNE / 146

EL REGALO

Usted tendría que ser algún tipo de padre, dispuesto a creer en la causa de la humanidad para redención, que daría a su único hijo a nacer en un mundo corrupto y tener suficiente fe, que ese hijo no sería convencido, influenciado y o seducido, para que, a través de él, la humanidad fuera salva. Tendrías que confiar en la familia que recibiría este regalo lo suficiente, para que le proporcionaran el código moral correcto, una base de fe fuerte y un ambiente nutrido, para el propósito que fue predestinado en él, antes de entrar en este mundo. Sólo un Padre que yo conozco, sabe hacer esto. El Padre de la Creación. Solo Él, que podía prever el futuro, escogió la pareja correcta, el momento y el lugar adecuado en la historia, para la venida de Su Hijo.

Sin entrar en demasiados detalles sobre la ciudad, estado, país, estructura política y economía del tiempo que puede verse a lo largo de la historia, vamos a considerar brevemente la familia que recibiría el regalo.

Myriam o María era una adolescente que nunca antes se

había casado o no había entrado en cualquier relación sexual con un hombre. Ella estaba comprometida para casarse. A través de las costumbres de la época, era un matrimonio previamente concertado. Ella y su marido, no habían vivido juntos. La Biblia dice claramente que ella era virgen. [Lucas 1:26, 27 *"Y al sexto mes, el ángel Gabriel fue enviado de Dios a una ciudad de Galilea, llamada Nazaret, a una virgen desposada con un varón que se llamaba José, de la casa de David: y el nombre de la virgen era María."* Este matrimonio concertado, era tan legal, como si ella se hubiera casado legalmente hoy dia.

Este sería el primer hijo de María. No era una madre experimentada. Ella pudo haber sido "*niñera*" en su tiempo y habría sido expuesta a los niños como nuestros hijos están expuestos a hermanos y hermanas, primos y otros parientes. En cualquier caso, embarazos precoces de adolescentes en nuestra sociedad occidental, se han convertido práctica común y aceptada en la cultura metropolitana.

En tiempo de María, un embarazo adolescente fuera del matrimonio y uno donde un matrimonio previamente concertado, estaba implicado, habría hecho noticias de primera plana y la indignación de los medios de comunicación, hasta el punto de llevar la pobre joven a la muerte por lapidación.

Esta fue la mujer que Dios escogió para ser la portadora de su hijo, Jesús.

El marido de María, se llamaba José. Un contratista

general de edificios en su tiempo, especializándose en todos los aspectos de la carpintería. Un hombre humilde, justo y respetable que estaba trabajando en su propio negocio y estaba haciendo planes para su propia familia. Él provenía de la estirpe del rey David. No hay mucho para una biografía del hombre que iba a convertirse en el padrastro del hijo del Todopoderoso.

Ahora imagine conmigo, como María vino a los apretones, con la noticia de que ella sería la madre de Jesús. ¿Cómo iba ella a explicar esto a José? ¡Era una gran noticia!

Sin embargo, ¿Cómo se le explica un fenómeno sobrenatural a un hombre muy natural? ¿Cómo decirle a tu marido que estás embarazada pero que no es su hijo? ¿Cómo puede incluso, comenzar a acercarse a esto? No es como que María pudiera mantener esto callado, cuando la evidencia estaba creciendo. ¿Qué haría Jose ¿Qué diría la comunidad, líderes religiosos, amigos y familiares al oír sobre el escándalo de José y María? ¿Cómo afectaría esta noticia a la empresa y socios de negocios de José? ¿Qué pasaría con su carrera?

Hoy en dia, los medios de comunicación tendrían un día de campo. Declaraciones de F.B., mantendría las páginas de internet encendidas por semanas. Póngase a pensar en todas esas mujeres que pensaron que tendrían el privilegio de ser la escogida. Vengase el Tweeter esto y tweeter aquello. Los blogs todavía vociferando hasta este día.

Como se puede imaginar, el nacimiento de Cristo fue una situación muy polémica. La Biblia no nos da una descripción muy detallada de lo que sucedió en la mente de José y María, cuando la noticia por el Arcángel Gabriel se estableció en sus corazones. José ya estaba planeando el divorcio. De no haber sido por el hecho de que Gabriel vino a darle una explicación a José, el padrastro de Jesús, pudo haber tenido otro nombre.

Estos fueron los padres escogidos para Jesús. Desde el inicio, podemos ver la dinámica familiar de la cultura, religión, política y multitarea, que se estaba llevando a cabo no sólo en lo natural, sino en lo sobrenatural. Podemos percibir el cambio tomando lugar en la tierra, como en el cielo.

La embarazada María va a visitar a su prima Elizabeth y pasa casi tres meses con ella. Nada como una mujer experimentada de Dios, para mentorear y entrenarte para la venida de Cristo. La presencia del Espíritu Santo era tan fuerte en María, que cuando saludo a Elisabeth desde la puerta, solo el sonido de su voz, alienta la alegría del bebé Juan dentro de ella y es llena del Espíritu Santo. (Hay mucho que decir aquí sobre una conexión espiritual... pero esa es otra historia).

Adán y Eva fueron nuestros padres perfectos. Dios los hizo para que proveyeran para nosotros en todos los sentidos. Como con Jesús, Dios hubiera estado ahí desde el principio, hasta vernos desarrollar como sus hijos, superdotados, en el Gobierno de su Reino.

La naturaleza pecaminosa, comenzando con Adán y Eva, nos negó la entrada en el Reino. El nacimiento de la descendencia de Eva entró en la vida de una mamá y papá que fueron manchados por el pecado. Los resultados se observan en el primer homicidio (Caín y Abel). La naturaleza de pecado también nos dio algo al principio que era más importante que la condena: el don de la misericordia de Dios. No sólo se demostró en el tratamiento de la disciplina a nuestros primeros padres, pero fue demostrando en la simiente de la mujer. Una promesa de redención a través de la gracia, mucho tiempo atrás, viene en forma del segundo Adán, conocido como Jesús, nuestro Redentor.

> La naturaleza de pecado también nos dio algo al principio que era más importante que la condena: el don de la misericordia de Dios. No sólo se demostró en el tratamiento de la disciplina a nuestros primeros padres, pero fue demostrando en la simiente de la mujer. Una promesa de redención a través de la gracia, mucho tiempo atrás, viene en forma del segundo Adán, conocido como Jesús, nuestro Redentor.

María fue la portadora de esa semilla. Fue elegida desde el principio. El hijo de Eva, Caín, mata a Abel, debido a la naturaleza de pecado. El hijo justo de María, Jesús, también es puesto a muerte y trae la esperanza de fe y restauración. La muerte del niño justo de Eva, Abel, por haber ofrecido el sacrificio de un cordero a Dios por sus pecados, ahora es reivindicado por el cordero de Dios, quien muere en la cruz por los impíos hijos de Caín, para redimir a todo aquel que cree en él. En verdad, Abel se convirtió en guardián de su hermano.

[*Hebreos 11:4 "Por la fe Abel ofreció a Dios mayor sacrificio que Caín, por la cual alcanzó testimonio de que era justo, dando Dios testimonio a sus presentes; y difunto, aun habla por ella."*]

[*Hebreos 12:24 "Y a Jesús el Mediador del nuevo testamento, y a la sangre del esparcimiento que habla mejor que la de Abel."*]

LA FAMILIA Y LA BIBLIA

Jesús, hijo de Dios, nacido de María y criado por José, nos presenta, con algo menos que una familia perfecta. Al leer las Escrituras, se puede ver que la vida de Jesús en la profecía y en su nacimiento, contiene tantos desafíos. Parece casi imposible, que el Hijo de Dios pudiera sobrevivir y que por lo menos pudiera ser un ejemplo del éxito humano, en una sociedad tan descolocada.

Estas son las cosas que presenta la inspirada, escrita Palabra de Dios, a un mundo que piensa que no puede cambiar y sólo lo que le espera, son tinieblas y perdición. Como sociedad, hemos permitido que hombres y mujeres, sin la sabiduría de Dios, dicten para todo el mundo lo que ellos piensan, es lo mejor para nosotros y para este planeta. La preocupación que tengo, no es libertad de expresión. Mi preocupación es que la sabiduría de los hombres en la sociedad actual, por tanto tiempo, ha sido basada en pensamientos independiente; que el Padre y el dador de la ciencia, el conocimiento y la sabiduría, se ha mantenido deliberadamente lejos de sus hijos, de la misma manera que los adolescentes parecen pensar que lo saben todo. Por ende, para estos adolescentes, los padres son "*la escuela anticuada*" y sólo sus contemporáneos, saben realmente lo que está sucediendo: ellos lo entienden; ¡mamá y papá no!

Concedido, hay algunos padres que, debido a sus circunstancias particulares, pueden que no tengan el entendimiento para hacer frente a una gran variedad de escenarios que afectan a sus hijos. Por esta razón es, que padre o madre, no son necesariamente los que dan a luz, pero aquellos que se comprometen a la responsabilidad de tomar con amor, bajo sus alas, los que carecen de un padre o la figura de una madre. Dios en su Plan Maestro, hizo provisión para los que buscan un mentor, un consejero, un abuelo o abuela, un padrastro, un amigo; alguien que no sea el padre biológico o la madre, quien ayudará a moldear el futuro porvenir de ese hombre o mujer.

La familia es estimada por la Triunidad. No podían funcionar o presentar un modelo de familia, si ellos mismos no eran representantes de ese estilo de vida.

Jesús no fue plantado en la tierra como una semilla para luego esperar que brotara y después formar parte de una familia. Dios, en la eternidad lo vio, que él vendría a una familia amorosa. No una familia perfecta, pero una familia que le iba a dar las habilidades y la educación que equilibrara su carácter espiritual como así también su carácter físico.

José y María no eran especiales. No podían ser. Jesús necesitaba venir a este mundo como cualquier otro niño. Sin privilegios especiales, para que nadie lo señalara por no cumplir con la ley o los rasgos de las características humanas. Tenía que ser natural en todos los sentidos. Era la responsabilidad del Padre procurar el bienestar de su Hijo. En este sentido, establecería un ejemplo para la humanidad.

Más tarde en la vida, cuando Jesús llega al momento de la crucifixión, como su Padre le había enseñado por el ejemplo, también el, cuida de su madre terrenal María, asignando el cuidado de ella a su mejor amigo, el Apóstol Juan. [Juan 19: 25-27 *"Y estaban junto a la cruz de Jesús su madre, y la hermana de su madre, María mujer de Cleofás, y María Magdalena. Y como vio Jesús a la madre, y al discípulo que él amaba, que estaba presente, dice a su madre: Mujer, he ahí tu hijo. Después dice al discípulo: He ahí tu madre. Y desde aquella hora el discípulo la recibió consigo."*]

HUESO DE MI HUESO y CARNE DE MI CARNE / 156

LA NOVIA DE JESUS EL DIVINO

Fue en la Cruz y post mortem, que Jesús da a luz a su novia. Así como Adán no estaba destinado a estar solo y Dios creó para él una ayuda idónea (su novia), Jesús el Divino no estaría solo, sin una ayuda idónea o su novia.

A menudo pensamos, ¿por qué Jesús no se casó? Especulamos basándonos en nuestros propios deseos físicos y necesidades, que Jesús podía haber tenido alguna aventura romántica. Él podía haber tenido hijos y así sucesivamente y así por el estilo.

Nuestra especulación se basa en el pensamiento occidental y no en la cultura oriental donde la Biblia fue escrita. Durante la época de Cristo, las tradiciones culturales y familiares eran muy diferentes a nuestros puntos de vista en la sociedad occidental. Los matrimonios eran previamente arreglados por las familias desde la infancia, igual que en algunas culturas extranjeras. La novia y el novio no tenían mucho que decir en la decisión. Había propiedades, tierras, ganado, negocios y mucho más que tenían que ser considerado y protegido, que no podía caer en manos de cualquier familia. El matrimonio era como la fusión de dos grandes empresas, muchas consideraciones tenían que examinarse en cuanto a los activos presentes y futuros de la nueva empresa.

Jesús no era sólo el Hijo de Dios, era un embajador, era un príncipe, era el unigénito del Padre. Sus acciones, carácter, naturaleza y perfil, todo tenía que caer en línea con quien él era en carne, así como en el Reino Celestial. Su conducta en los asuntos de su Padre, tendrían graves consecuencias en el cielo y la tierra.

Debido a su naturaleza y carácter, su novia debía tener su mismo carácter y naturaleza. Había muchísimo riesgo aquí. Su novia tendría que vivir eternamente. Su amor tendría que ser personal y universal. Ella tendría que abarcar a toda la humanidad. Dar su amor a todo el mundo y sin embargo ser privada e íntima con Jesús. Ella tendría que respetar los deseos de su suegro. Ella tendría que ser poderosa en su propio derecho. Ella debía ser capaz de ejercer el poder del Espíritu Santo. Debía ser capaz de hablar todos los idiomas. Ella representaría a todas las mujeres en el Reino de Dios. Ella tendría que entender cada necesidad y deseo de su marido y ser la madre cariñosa de sus hijos. Ninguna mujer terrenal podía haber llenado esos zapatos.

Asi como con Adán, cuya esposa provino de él, así sería con Jesús el divino. Adán fue puesto a dormir, (un símbolo de muerte y resurrección) se le hizo una incisión en su costado, se extrajo una costilla y una ayuda idónea, fue creada como hueso de su hueso y carne de su carne.

Podemos ver el paralelo en Jesús. Fue declarado muerto en la Cruz, el soldado traspaso su costado, agua y sangre salieron de él (este proceso fue simbólico en Adán, pero hecho realidad en la vida de Cristo). Este es el mismo proceso que cuando una mujer da a luz (sangre y agua). Su muerte y resurrección, le dan a él el poder divino para traer a la existencia a su novia, que ahora conocemos como la iglesia.

¿Cómo sabemos que la iglesia es la novia de Cristo? Tenemos que echar un vistazo más de cerca, a la Escritura del Nuevo Testamento, en el Evangelio de Mateo. [*Mateo 16:15-18 "Él les dice: Y vosotros, ¿quién decís que soy? Y respondiendo Simón Pedro, dijo: Tú eres el Cristo, el Hijo del Dios viviente. Entonces, respondiendo Jesús, le dijo: Bienaventurado eres, Simón, hijo de Jonás; porque no te lo reveló carne ni sangre, más mi Padre que está en los cielos. Mas yo también te digo, que tú eres Pedro, y sobre esta piedra edificaré mi iglesia; y las puertas del infierno no prevalecerán contra ella."*]

Jesús acababa de llegar a las costas de Cesarea de Filipo. Está hablando con los discípulos y él les hace una pregunta: *"¿Quién dicen los hombres que es el Hijo del hombre?"* Los discípulos todos dieron una respuesta. Jesús hace la pregunta más específica, tal como se aplica a ellos que habían estado con él durante algún tiempo. Su pregunta: *"¿Quién decís que soy?"* Solamente la respuesta de Pedro llamo su atención. Pedro dice: *"Tú eres el Cristo, el Hijo del Dios viviente."* Jesús bendice a Pedro porque su respuesta no venía embestida de la opinión pública. La respuesta de Pedro llegó como resultado de la revelación de Dios mismo. Por esta razón Jesús dice: *"porque no te lo reveló carne ni sangre, mas mi Padre que está en los cielos."* La revelación, esta palabra de conocimiento, que recibió Pedro, vino directamente de Dios el Padre. Esta declaración era fundamental en el trabajo que iba a ser llevado a cabo por los discípulos. Esta declaración de Pedro, que no vino del pensamiento humano, sería por siempre lo que establecería el fundamento de la novia de Cristo, que es la Iglesia. En otras palabras, esta confesión de Jesús como el hijo del Dios viviente por un hombre judío, significaba que la novia de Cristo le abrazaría como Mesías. La humanidad estaba lista para su Redentor.

En Juan capítulo 20, después de su resurrección, Jesús hace algo que Dios hizo con Adán. En Génesis leemos – [*Génesis 2:7 "Formó, pues, Jehová Dios al hombre del polvo de la tierra, y alentó en su nariz soplo de vida; y fue el hombre en alma viviente."*] Dice que Dios sopló en la nariz del primer hombre y se convirtió en un alma viviente.

Asi como el hombre no podría vivir sin el aliento de vida de Dios, sin su ADN espiritual, tampoco podía la novia de Cristo nacer sin su ADN espiritual y el aliento de vida. En otras palabras, la novia de Cristo que estaba a punto de nacer, necesitaba el espíritu de aquel que iba a ser su esposo para ser su ayuda idónea. [*Juan 20:22 "Y como hubo dicho esto, sopló, y díjoles: Tomad el Espíritu Santo."*] Esta impartición de aliento de Jesús no sólo hizo eco de la voluntad de Dios para la humanidad, pero también cumplió la promesa de Génesis 3:15 con respecto a la simiente de la mujer.

El amor de Jesús como el Hijo de Dios, no podía y no se

limitaría al amor de una mujer en la tierra. Su amor, era el mismo amor de su Padre para todos sus hijos. Por esta razón nació la iglesia: para que fuera el amor de toda la humanidad en un solo cuerpo, en una convivencia; el Creador y su creación unidos para siempre. Carne y hueso que trasciende más allá de lo natural a lo sobrenatural. En Cristo, los hijos de Dios tendrán la paz y la armonía para continuar con el Plan Maestro bajo la dirección y orientación de la Triunidad.

Por ello, en el libro de Apocalipsis, en el capítulo final del Plan Maestro, hay una invitación abierta a todos los creyentes:

> [*Apocalipsis 22:17 "Y el Espíritu y la Esposa dicen: Ven. Y el que oye, diga: Ven. Y el que tiene sed, venga: y el que quiere, tome del agua de la vida de balde."*]

> [*Juan 3:29 "El que tiene la esposa, es el esposo; mas el amigo del esposo, que está en pie y le oye, se goza grandemente de la voz del esposo; así pues, este mi gozo es cumplido."*]

> [*Apocalipsis 21:9 "Y vino a mí uno de los siete ángeles que tenían las siete copas llenas de las siete postreras plagas, y habló conmigo, diciendo: Ven acá, yo te mostraré la esposa, mujer del Cordero."*]

> [*Apocalipsis 21:2 "yo Juan vi la santa ciudad, Jerusalén nueva, que descendía del cielo, de Dios, dispuesta como una esposa ataviada para su marido."*]

HUESO DE MI HUESO y CARNE DE MI CARNE / 162

RESPONSABILIDADES DE LA ESPOSA Y DEL ESPOSO

Al concluir el capítulo anterior, vemos un acontecimiento glorioso de la eventual boda de Jesucristo con su Novia la Iglesia. Sin embargo, cualquier persona que haya sido planificador de bodas o a través de la experiencia, ha pasado por muchas anticipadas y ansiosas ceremonias, sabe que se toma tiempo y recursos, para llevar a cabo esta espectacular celebración. La lista de lo que hay que hacer, parece interminable, y aunque la Novia todavía está joven, es menester la tutoría a través de la Palabra.

Por esto es que Hueso de Mi Hueso y Carne de Mi Carne, ha sido la asignación de Dios en mi vida. La Novia necesita estar lista. La iglesia, la Novia del Cordero, necesita hacer los preparativos finales. Sólo el Padre sabe la hora y el lugar de la recepción. El salón está preparado. Las invitaciones se han enviado. Depende de los invitados responder sí o no. Esto es una boda regia. Se invitarán a todas las Naciones. Los huéspedes celestiales estarán observando el cumplimiento de un evento que ocurrirá solamente una vez en la vida de toda la creación. La Novia necesita saber su lugar y los requisitos para este evento muy auspicioso.

Compañerismo

Compañerismo fue la razón desde el principio, para la ayuda idónea de Adán. Siendo que Adán representaba el comienzo de la humanidad, él no podía hacerlo solo. Dios mismo declaró que no era bueno para el hombre estar solo. La vida que fue extraída de Adán, fue dada en la forma de Eva.

Dios, el Padre de la Novia y el Padre del Novio, le presenta su regalo al hombre. Él oficia la ceremonia. Él hace la declaración. Él les da el mandamiento. Los bendice y los introduce en el jardín, preparado para ellos.

Desde el principio ellos eran parte, el uno del otro. Él estaba incompleto sin ella y ella estaba incompleto sin él. Había animales, aves, peces e insectos y ahora el hombre tenía una compañera. Las responsabilidades de mantener el jardín y cuidar de la creación de Dios, eran mucho más fácil ahora. El mandato de fructificar y multiplicar, ahora podría llevarse a cabo por los recién casados. Los dos, ahora podían ser uno en intimidad y compañerismo.

> Después de haber perdido la dirección de la brújula original, Dios provee guía y dirección a la novia, la Iglesia, para ser sanada y lista para Cristo.

La naturaleza pecaminosa hizo posible que este sagrado vínculo se rompiera y que se corrompiera el conocimiento recibido. A través de conjeturas y remediación inmediata, el hombre ha intentado de remendar las cosas. La humanidad sabe que se requiere el conocimiento del Creador, pero Él es evitado. Parece que cada día, un nuevo grupo, una nueva forma de pensar, un enfoque sutil de pañitos tibios para el mal, son presentados a nuestra sociedad. Todo lo que tiene el nombre de Dios o se asocia a Dios, poco a poco se está borrando. Mientras más empuja la sociedad por esta borradura, más se despoja de la cobertura de la moralidad y se somete bajo un manto de depravación. No todo el mundo va a sucumbir. Hay un remanente. Habrá un remanente. El olivo no está muerto y nuevas ramas son injertadas en él. El Espíritu Santo es la fuente de agua viva, que va hacer que esto suceda.

Después de haber perdido la dirección de la brújula original, Dios provee guía y dirección a la novia, la Iglesia, para ser sanada y lista para Cristo.

> [*Efesios 5:22-33 "Las casadas sean sujetas a sus propios maridos, como al Señor. Porque el marido es cabeza de la mujer, así como Cristo es cabeza de la iglesia; y él es el Salvador del cuerpo. Como pues la iglesia es sujeta a Cristo, así también las casadas lo sean a sus propios maridos en todo. Maridos, amad a vuestras mujeres, así como Cristo amó a la iglesia, y se entregó a sí mismo por ella, Para santificarla, limpiándola en el lavamiento del agua por la palabra, Para que la presentase a sí mismo, iglesia gloriosa, que no tuviese mancha, ni arruga, ni cosa semejante; sino que fuese santa y sin mancha. Así han también los maridos de amar a sus mujeres, como a sus mismos cuerpos: el que ama a su mujer, a sí mismo ama. Porque ninguno aborreció jamás su propia*

carne; antes la sustenta y regala, como también el Señor a la iglesia. Porque somos miembros de su cuerpo, de su carne, y de sus huesos. Por causa de esto dejará el hombre a su padre y a su madre, y apegarse ha a su mujer; y los dos serán una misma carne. Este misterio grande es; mas yo hablo en cuanto a Cristo y a la iglesia. Empero vosotros también, cada uno en particular, ame tanto a su propia mujer como a sí mismo; y la mujer, mire que tenga en reverencia a su marido."]

En el estado actual del matrimonio, al menos en los Estados Unidos y más aún en la iglesia, el debilitamiento de la Palabra de Dios, como una fuente válida de educar y preparar al hombre y la mujer para la realización responsable del compañerismo, ha llevado a la degradación del respeto y honor en los roles de un orden divino. El resultado final es, la falta de paz y comprensión en el hogar. Así que, vamos a considerar el razonamiento detrás de la Sabiduría Bíblica para estabilizar la unión matrimonial y preparar a la Iglesia como la Novia del Cordero.

"Las casadas sean sujetas a sus propios maridos, como al Señor." La palabra "sujetar o someterse" no significa esclavitud. Por cuanto se utiliza en la Palabra de Dios, y en nuestra traducción del original, no significa que debe ser una obligación contractual como la esclava, cuando una pareja se casa. Significa entrar en acuerdo, después de una cuidadosa consideración entre el marido y la mujer, sobre el presunto conflicto. El marido y mujer, después de buscar al Señor en oración, se sentarán a la mesa y racionalmente, en fidelidad y amor, tomarán una decisión de mutuo acuerdo. En este sentido, se someten el uno al otro. El ceder, permite el libre flujo de tráfico y también

abre las vías de comunicación.

Otro significado para la palabra *"someter"* es morar; de la raíz etimológica *"morada"* refiriéndose al lugar donde ambos viven. Morar conmigo, significa vivir conmigo. Significa compartir mi residencia. El que hace la oferta, tiene control sobre las reglas de la morada. La persona a quien se le hace la oferta, tiene la prerrogativa de aceptar o no, una vez que han sido explicadas las condiciones de morar juntos. El aceptar la oferta de morar, debe ser de acuerdo con las normas de la morada. La persona que acepta las reglas de la residencia se está sometiendo o morando. Si existen condiciones que han cambiado en el curso de morar juntos, estas deben ser discutidas. Se trata de una negociación, donde ambas partes buscan amistosamente, sumisión el uno para el otro, para seguir viviendo en armonía.

¿Por qué se ha instituido esta declaración en la Palabra de Dios? Se remonta a Génesis cuando la mujer desobedece el mandamiento de Dios de no comer del árbol del conocimiento del bien y del mal. Ya comentamos en el capítulo 17, en relación con el árbol del conocimiento del bien y del mal. [*Génesis 3:16 "A la mujer dijo: Multiplicando multiplicaré tus dolores, y tus preñeces: con dolor parirás los hijos, y a **tu marido será tu deseo**, y él se enseñoreará de ti."*] Fue el deseo inicial de la mujer para el árbol, que causó la desobediencia. Ahora su deseo es redirigido a su marido que gobernaría sobre ella. Como tal, la Iglesia está ahora sujeta al Gobierno de Cristo. Ella debe sujetarse/someterse a Él, para tomar parte de las recompensas ofrecidas por el esposo.

"Porque el marido es cabeza de la mujer, así como Cristo es cabeza de la iglesia; y él es el Salvador del cuerpo." La explicación aquí es, que el marido se convierte en el supervisor de la obra de la mujer, en relación con el hogar, de la misma manera como Cristo es el supervisor en el trabajo de la iglesia. Hay otra advertencia en el texto, que tiene una gracia salvadora. Esto se aplica no sólo a la iglesia, se aplica también al hogar. Cristo es el Salvador del cuerpo. El cuerpo es la iglesia. La iglesia está conformada por hombres y mujeres, esposos y esposas y familias extendidas. Como en el caso de Cristo ser el Salvador del cuerpo, así debe el hombre ser el Salvador y protector de la mujer y su hogar. Esta es la primera iglesia y el primer ministerio del hombre.

"Como pues la iglesia es sujeta a Cristo, así también las casadas lo sean a sus propios maridos en todo." Como novia (la Iglesia), está sujeta al novio (Cristo), las esposas necesitan cumplir con sus maridos en todo, no solo algunas cosas. La necesidad de la esposa en morar, representa el orden de la iglesia. Si el marido y la esposa no están de acuerdo en amor, compañerismo, educación, disciplina, presupuestos, inversiones y muchas otras responsabilidades de la familia, ¿cómo entonces la iglesia que está conformada por las familias o el cuerpo, será capaz de presentar al mundo una familia amorosa estructurada con Cristo como su cabeza? La sumisión mutua, reconociendo al marido como jefe de familia, es una representación del sacerdocio en el hogar; señala el camino a Cristo, que es el sacerdote y la cabeza de la iglesia.

"Maridos, amad a vuestras mujeres, así como Cristo amó a la iglesia, y se entregó a sí mismo por ella..." Aquí hay sabiduría

para todos los hombres. Si la esposa va a sujetarse a sí misma, como la Iglesia está sujeta a Cristo, entonces la declaración se aplica. El marido debe (esto no es un mandamiento condicional), amar a la esposa hasta el punto que como hombre, entregará su vida por ella.

En la sociedad occidental, asumimos esta responsabilidad, cuando vamos ante las autoridades civiles, para adquirir la licencia de casamiento y luego celebrar pronunciamiento público. Cuando la Biblia fue escrita, el matrimonio pre-arreglado estaba en vigor, desde el momento que los padres convinieron en él. Por esta razón José, que estaba desposado con María consideraba divorciarse. No había consumido las obligaciones matrimoniales, pero estaba obligado jurídicamente, a respetarlas.

Mirando desde nuestra cultura, mucho de lo que ocurre en el matrimonio y la falta de sumisión o apoyo, es porque no estamos dispuestos a tolerar. Los acuerdos prenupciales son arreglados por los abogados. No es por la cabeza de las familias, que tienen el mejor interés de su hijo o hija en mente. El matrimonio en la sociedad actual, se ha convertido en una prueba de ensayo, a ver si se puede o no. El problema con este escenario es, que nadie quiere asumir la responsabilidad por sus acciones. Mas bien, alguien termina asumiendo la responsabilidad de todo, mientras que el otro miembro de la prueba, continúa la exploración, causando más dolor que bien, en la satisfacción de deseos egoístas, sin someterse a su debida responsabilidad.

"...Para santificarla, limpiándola en el lavamiento del agua por la palabra..." Esta es la acción de un amoroso Cristo con su

iglesia. Se dio a sí mismo por ella: para santificarla y limpiarla con el lavamiento del agua por la Palabra. Cristo quiere santificar a la iglesia. El hecho de que requiere santificación, significa que hay sacrificios. Si requiere limpieza, significa que debe haber cosas que están sucia o circunstancias que han prevalecido, en que se requiere limpieza. Hay un lavado que debe tener lugar por el agua. Es el bautismo. Este es el símbolo de enterrar lo que está muerto y resucitar a una nueva vida. Hay un lavado que debe tener lugar por la Palabra: consejería, asesoramiento, comunicación positiva y amonestación, sin acusación.

"Para que la presentase a sí mismo, iglesia gloriosa, que no tuviese mancha, ni arruga, ni cosa semejante; sino que fuese santa y sin mancha." Una vez más, Cristo establece el estándar en la relación de marido y mujer. ¿Por qué el sacrificio, la santificación, la limpieza, el lavado, la palabra? Porque la esposa, como la iglesia es una representación del marido. Ella es la que da credibilidad, honor y respeto, a la obra y el carácter de su marido.

Se puede notar una mancha oscura en un vestido blanco, a bastante distancia. **La mancha representa** esas pequeñas cosas que a menudo tratamos de ocultar pero que son muy visibles. Está en la naturaleza humana tratar de ocultar los hechos y acciones pasadas, que eventualmente aparecerán. Estas cosas tienen que resolverse. Transparencia, integridad y honestidad son claves para preservar el matrimonio. Dios quiere que la novia sea intachable para su Hijo.

Las arrugas, son las faltas obvias. Se muestran como líneas no deseadas y pliegues en la ropa. Habla de los hábitos que tenemos que resolver. Muchas veces, para quitar una arruga en un pantalón o blusa, necesita rociar o esparcir agua y luego aplicar una plancha caliente a la superficie. Simplemente no se puede aplicar la plancha caliente a cualquier tela. Cada paño tiene sus propias propiedades. Tienes que mover la plancha en la dirección correcta para suavizar las arrugas. Arrugas permanentes, son las que se intentan resolver y tienden a regresar. Representan fallas o defectos de carácter que sólo Dios puede quitar. Esto significa que las fibras de la tela están tan dañadas que la única manera de solucionarlos es sustituir la vestimenta. Como la novia/esposa del Señor, sólo el Espíritu Santo, la Palabra de Dios y la obediencia, nos ayudará a eliminar las arrugas en la relación matrimonial. Nosotros como Cuerpo de Cristo, no podemos tener arrugas ni cosa semejante.

Santa y sin mancha, habla de dos cosas. Lo primero es la santidad. Significa ser separada para el propósito por el cual ha sido llamada, conforme a su diseño. Esto significa que has sido consagrada para servirle a Dios. Hay un proceso de purificación; llámese entrenamiento o educación, por el cual usted adquiere brillo y pulimento para estar en la presencia de la corte real. Es la mujer de Proverbios 31, es la Ester y el Sacerdocio del templo.

Segundo, **la mancha**, se refiere a golpes, abolladuras, aberraciones en la forma del carácter. Es como ir a la tienda a comprar una copa hecha de plata. La inspeccionas y encuentras que no cumple tus expectativas de perfección relativa. La sostienes cerca de la luz y te das cuenta que está manchada en algunas áreas. Tiene abolladuras en su forma. Tiene superficies rugosas. En la manera que fue pulida muestra falta de atención y aprecio por su valor. Las manchas son cosas que afectan a la belleza y el valor de un objeto. Debido a que las manchas son tus rasgos de carácter, debes de cambiar tu actitud o puede que seas una copa de plata sin valor. La actitud de la iglesia por llevar a cabo su misión y cortejo del Hijo, no puede ser comprometida. ¡Es demasiado valioso!

Cristo sabe que esta novia (la iglesia) es la encarnación de lo que él es y quiere que se le presente a sí mismo en todo su esplendor. Como el hombre que espera en el altar a la que será su esposa. Ese momento cuando él oye el procesional y su corazón comienza a latir; cuando mira hacia atrás y ve a la mujer de sus sueños siendo escoltada por el pasillo de la iglesia para ser entregada a él como el regalo más perfecto; es un glorioso espectáculo. Lo que es aún mejor, es cuando han guardado lo mejor de cada uno para su luna de miel. Ambos saben que están sin manchas, sin arrugas, un futuro brillante de esperanzas, amor y voluntad, para enfrentar juntos todos los desafíos que vagan. Ambos saben que han hecho las cosas bien. Las cosas que se hacen de manera correcta, terminan en el camino correcto. [*Juan 14:6 "Jesús le dice: Yo soy el camino, y la verdad, y la vida; nadie viene al Padre, sino por mí."*]

"Así han también los maridos de amar a sus mujeres, como a sus mismos cuerpos." Los hombres que quieren un pedazo de carne, deben pagar en el mostrador de carne, en el

supermercado. Ahora bien, si usted quiere a una esposa, entonces usted debe estar dispuesto a compartir un pedazo de sí mismo.

Cuando Dios se dispuso a hacer una compañera para Adán como su esposa, él no miro a los animales que él había creado. Ella tenía que ser hecha de la misma sustancia de donde el hombre había sido creado. Él ni incluso pensó en crear un ser separado y presentárselo a él. Dios en su sabiduría, considero el hombre como la fuente, para hacerle su compañera. Dios tomó del hombre lo que era necesario para hacer a su ayudante. Cuando Dios miró hacia el futuro, de la que sería la novia para su hijo, ella tenía que ser parte de lo que Cristo era. Por lo tanto, en el principio, cuando él creó al hombre, pensó en la iglesia. El hombre tuvo que dar una parte de sí mismo para tener la compañera perfecta. Así también, la iglesia tiene su complemento perfecto en Cristo Jesús.

Amar a su esposa como su propio cuerpo, significa cuidar de su compañera de la misma manera que usted toma el cuidado de su propia salud. Ella no es un trozo de carne comprado en el supermercado. Ella es una parte de ti. Ella vino de ti. Deténgase a pensar si Dios había utilizado el ADN de un León, un ratón, una jirafa, un rinoceronte o un orangután para hacer tu compañera. (Estoy seguro que estas repasando las fotos en tu mente de lo que pudiera haber sido tu esposa.) Dios hizo a tu esposa de ti mismo, para que la respetes y la honres porque ella sería la portadora de tus hijos, la ayuda que necesitas para llevar a cabo tu destino, en el cumplimiento de tu legado y mandato de Dios.

"El que ama a su mujer, a sí mismo ama." Esta declaración se refiere, una vez más, en el hombre reconocer que su esposa es una parte de lo que él es. ¿Por qué te casaste con tu esposa en primer lugar? ¿Te gusta ella o una parte de ella? ¿Era porque ella era bastante sabia, ingeniosa, divertida, extravagante, buena conversadora, compartía tu punto de vista? ¿Sólo pensabas que ella era fácil y así apelaste a sus sentimientos? ¿Te casaste con ella porque ella era hermosa, inteligente, tenía un alto nivel de valores y respetabas esos valores, ella te respetaba y te sujetaba en cambio, al mismo conjunto de valores?

La Biblia es clara. La persona que ama a su esposa, demuestra que se ama a sí mismo. Tu esposa es un reflejo de ti mismo. En las parejas mayores, que han soportado la prueba del tiempo, se puede ver que se ven más como hermano y hermana que esposo y esposa. A menudo, no tienen ni que hablar. Se entienden incluso, hasta en el lenguaje corporal. Hay admiración y respeto mutuo. Se parecen más el uno al otro, porque se aman.

En lugar de buscar puntos negativos para la crítica de su esposa, ¿por qué no buscar los puntos positivos para celebrar y reconocer a la mujer por la que le que oraba y le pedías a Dios? ¿Qué es eso? ¿No le pediste a Dios por tu esposa? ¿Saliste afuera y la escogiste por ti mismo? ¡Entonces, lo que ves es lo que buscabas! Cuando tomas tus propias decisiones, sin consultar a Dios, estás sujeto a tus propias consecuencias. Autoestima es la aceptación de uno mismo. Es la aceptación de que su esposa y usted son uno.

"Porque ninguno aborreció jamás su propia carne; antes la sustenta y regala, como también el Señor a la iglesia." Ningún hombre quiere morir. El, cuida de su cuerpo alimentándose con buena nutrición, ejercicio, trabajando, alimentando su mente, está espiritualmente sano, moralmente recto, digno de confianza. Apreciar es amar. Amarse a uno mismo es mantenerse en alta estima. Si esto es lo que haces por ti mismo, debe hacerlo también por tu esposa. El Señor hace esto por la Iglesia; su novia; su esposa. El la sustenta y la trata con cariño. Lo que aquí se está diciendo es, que si el Señor pone el ejemplo, entonces su creación debe seguir el mismo ejemplo. Si no hace esto, entonces usted no está reconociendo a Dios.

"Porque somos miembros de su cuerpo, de su carne, y de sus huesos." Adán glorifico a Dios cuando recibió su ayuda idónea. Dijo que esto era ahora hueso de su hueso y carne de su carne. Es a través de Cristo que la iglesia nace. Ella recibe el amor y el cariño que requiere de él. Por lo tanto, somos miembros del cuerpo de Cristo, somos su carne y somos su hueso. Somos la expresión de Cristo en una forma física. Él Mora en nosotros. Somos íntimos con él. Como la iglesia, somos su novia y su cuerpo. Él es nuestro sustento y esposo. Cómo es que no podemos honrarlo y respetarlo. En riqueza y en pobreza, en enfermedad y en salud, en tiempos buenos como en malos tiempos, para bien o para mal. Nuestras esposas y esposos toman un voto, tal como Jesús ha lo hecho por la iglesia.

"Empero vosotros también, cada uno en particular, ame tanto a su propia mujer como a sí mismo; y la mujer, mire que tenga en reverencia a su marido." El apóstol Pablo, resume sus

declaraciones en una doble amonestación en cuanto a la relación matrimonial entre esposo y esposa y el cuerpo de la iglesia.

Ama a tu esposa como te amas a ti mismo. Al hacer esto, entonces la segunda parte de la declaración entra en juego. La esposa te respetará cuando vea el ejemplo en ti.

A continuación, he presentado uno de los mejores tratados bíblicos, como ejemplo del amor. Preste especial atención a las tres últimas oraciones porque ellas ponen de relieve, la verdadera relación de amor.

VERDADERO AMOR
- 1 JUAN 4

"Amados, no creáis a todo espíritu, sino probad los espíritus si son de Dios; porque muchos falsos profetas son salidos en el mundo. En esto conoced el Espíritu de Dios: todo espíritu que confiesa que Jesucristo es venido en carne es de Dios: Y todo espíritu que no confiesa que Jesucristo es venido en carne, no es de Dios: y éste es el espíritu del anticristo, del cual vosotros habéis oído que ha de venir, y que ahora ya está en el mundo.

Hijitos, vosotros sois de Dios, y los habéis vencido; porque el que en vosotros está, es mayor que el que está en el mundo. Ellos son del mundo; por eso hablan del mundo, y el mundo los oye. Nosotros somos de Dios: el que conoce a Dios, nos oye: el que no es de Dios, no nos oye. Por esto conocemos el espíritu de verdad y el espíritu de error.

Carísimos, amémonos unos a otros; porque el amor es de Dios. Cualquiera que ama, es nacido de Dios, y conoce a Dios. El que no ama, no conoce a Dios; porque Dios es amor. En esto se mostró el amor de Dios para con nosotros, en que Dios envió a su Hijo unigénito al mundo, para que vivamos por él. En esto consiste el amor: no que nosotros hayamos amado a Dios, sino que él nos amó a nosotros, y ha enviado a su Hijo en propiciación por nuestros pecados. Amados, si Dios así nos ha amado, debemos también nosotros amarnos unos a otros. Ninguno vio jamás a Dios. Si nos amamos unos a otros, Dios está en nosotros, y su amor es perfecto en nosotros: En esto conocemos que estamos en él, y él en nosotros, en que nos ha dado de su Espíritu.

Y nosotros hemos visto y testificamos que el Padre ha enviado al Hijo para ser Salvador del mundo. Cualquiera que confesare que Jesús es el Hijo de Dios, Dios está en él, y él en Dios. Y nosotros hemos conocido y creído el amor que Dios tiene para con nosotros. Dios es amor; y el que vive en amor, vive en Dios, y Dios en él.

En esto es perfecto el amor con nosotros, para que tengamos confianza en el día del juicio; pues como él es, así somos nosotros en este mundo. En amor no hay temor; mas el perfecto amor echa fuera el temor: porque el temor tiene pena. De donde el que teme, no está perfecto en el amor. Nosotros le amamos a él, porque él nos amó primero. **Si alguno dice, Yo amo a Dios, y aborrece a su hermano, es mentiroso. Porque el que no ama a su hermano al cual ha visto, ¿cómo puede amar a Dios a quien no ha visto? Y nosotros tenemos este mandamiento de él: Que el que ama a Dios, ame también a su hermano."**

INTIMIDAD SEXUAL Y LOS NIÑOS

[*Génesis 2:24 "Por tanto, dejará el hombre a su padre y a su madre, y allegarse ha a su mujer, y serán una sola carne."*] La intimidad entre un hombre y una mujer requiere privacidad. Requiere que la pareja pueda expresarse más allá de palabras, en la expresión libre de la mente, cuerpo y espíritu. La necesidad de unirse en acuerdo, no es sólo para el disfrute placentero de ambas almas, sino para crear una atmósfera de intenso amor, que está dispuesto a procrear nueva vida. Esta nueva vida debe saber, que fue creado en perfecta armonía, en el entrelazamiento de las almas, en la intimidad, en la expresión completa de dos personas dispuestas a mostrarle al mundo y darle lo mejor que pueden, en términos de una nueva vida. Lo mejor de él y lo mejor de ella.

Hay una diferencia entre la reproducción y procreación. Todas las formas de vida se reproducen de una forma u otra. Los seres humanos están destinados a procrear. Procreación implica la obra del Espíritu Santo. Usted puede pensar, ¿qué quieres decir con eso? En el curso natural de la **reproducción**, no hay un alma envuelta. En el acto de la **procreación**, sí existe un alma. Aquellos hombres o mujeres que procuran sexo para sus propios deseos egoístas terminan reproduciéndose. Estas personas no están preocupadas especialmente si traen al mundo una nueva criatura. Su pasión es nada menos que un acto de auto gratificación. Por esta razón, a veces, viene el final de la vida de un bebé, aborto o simplemente asesinato de vidas inocentes, legalizado ante los tribunales civiles; pero téngalo por seguro, Dios mantiene inventario de estas vidas que nacieron dentro de deseos egoístas y luego fueron puestas a muerte. Habrá un día de juicio.

> Toda vida es amada por Dios. Viene de él y vuelve a él. Según Cristo tiene intimidad con su esposa... la iglesia experimenta crecimiento en hijos espirituales. Dios añade a la iglesia los que se salvarán.

En la procreación, el Espíritu Santo está presente porque es la manera de Dios dar bienvenida a la nueva vida (niños). Él está a favor de nueva vida. Él ordenó que esto ocurriera. Fue específico con Adán y Eva. Su mandamiento no ha parado, hasta nuestros días; "*Fructificad y multiplicaos*". Cada nueva vida es un alma nueva. Desde el momento que el óvulo es fecundado dentro de la mujer, se activa el código genético para la nueva vida y se crea un alma. Un sentido de orden y diseño comienza a producirse. Hay un momento perfecto para el desarrollo de un corazón, pulmones, cuerpo, piernas, brazos, pies, ojos, nariz, pelo, orejas; sistemas cardiovasculares, respiratorios, nutricionales y neurológicos y un sinnúmero de otros sistemas, que conforman el ser complejo, llamado un ser humano. Este proceso, comienza con la intimidad en el plano espiritual, a través de la expresión biológica, física y sólo se detiene al punto de muerte.

Toda vida es amada por Dios. Viene de él y vuelve a él. Según Cristo tiene intimidad con su esposa... la iglesia experimenta crecimiento en hijos espirituales. Dios añade a la iglesia los que se salvarán. [Hechos 2:47 "...Y el Señor añadía cada día a la iglesia los que habían de ser salvos."]

Procreación es estimado por la Triunidad porque es parte del Plan Maestro.

La intimidad es una parte saludable e integral del matrimonio. Es tan importante, que está indicado en el Nuevo Testamento.

[*1 Corintios 7:5 "No os defraudéis el uno al otro, a no ser por algún tiempo de mutuo consentimiento, para ocuparos en la oración: y volved a juntaros en uno, porque no os tiente Satanás a causa de vuestra incontinencia."*]

Permítame interponer en este momento, que el versículo anterior tiene una connotación natural al igual una connotación espiritual. La connotación espiritual es visible en la escritura. La connotación natural es en la interpretación de las escrituras originales.

La palabra ayuno, significa abstinencia. Se refiere a un tiempo, una temporada, lejos de alimentos, otros placeres o circunstancias. Podría significar tiempo personal, privado, solo un tiempo, que es necesario para el hombre y la mujer.

Podía ser tiempo de vacaciones. Podría ser un tiempo de enfermedad que requiere recuperación. Esto no significa, sin embargo, que es una excusa espiritual o de otra índole para no cumplir con sus responsabilidades conyugales.

Es un tiempo predeterminado para confrontar diversas situaciones que requieren meditación, buscando dirección de Dios. En un sentido, están ayunando, se están absteniendo. El factor importante aquí es, que usted y su cónyuge han hablado. Se han puesto de acuerdo sobre un marco de tiempo. Han acordado reanudarse tan pronto como sea posible, en sus responsabilidades conyugales. La prolongación de este ayuno, más allá de lo acordado en el tiempo, dará paso a la mente para divagar. Rendirá al enemigo; Satanás, si le quiere llamar así... un tiempo y una línea de cuestionamiento, que puede llevar a la ruptura la relación matrimonial, si por ninguna otra cosa, que la verdad y la confianza.

MANTENIENDO LA UNIDAD

La relación matrimonial debe ser permanente. Jesús fue interrogado sobre esto y aquí está lo que él tenía que decir:

[Mateo 19:3-12 *"Entonces se llegaron a él los Fariseos, tentándole, y diciéndole: ¿Es lícito al hombre repudiar a su mujer por cualquiera causa? Y él respondiendo, les dijo: ¿No habéis leído que el que los hizo al principio, macho y hembra los hizo, Y dijo: Por tanto, el hombre dejará padre y madre, y se unirá a su mujer, y serán dos en una carne? Así que, no son ya más dos, sino una carne: por tanto, lo que Dios juntó, no lo aparte el hombre. Dícenle: ¿Por qué, pues, Moisés mandó dar carta de divorcio, y repudiarla? Díceles: Por la dureza de vuestro corazón Moisés os permitió repudiar a vuestras mujeres: mas al principio no fue así. Y yo os digo que cualquiera que repudiare a su mujer, si no fuere por causa de fornicación, y se casare con otra, adultera: y el que se casare con la repudiada, adultera. Dícenle sus discípulos: Si así es la condición del hombre con su mujer, no conviene casarse. Entonces él les dijo: No todos reciben esta palabra, sino aquellos a quienes es dado. Porque hay eunucos que nacieron así del vientre de su madre; y hay eunucos, que son hechos eunucos por los hombres; y hay eunucos que se hicieron a sí mismos eunucos por causa del reino de los cielos; el que pueda ser capaz de eso, séalo."*]

[*Mateo 19: 16-19 "Y he aquí, uno llegándose le dijo: Maestro bueno, ¿qué bien haré para tener la vida eterna? Y él le dijo: ¿Por qué me llamas bueno? Ninguno es bueno sino uno, es a saber, Dios: y si quieres entrar en la vida, guarda los mandamientos. Dícele: ¿Cuáles? Y Jesús dijo: No mataras: No adulterarás: No hurtarás: No dirás falso testimonio: Honra a tu padre y a tu madre: y, Amarás a tu prójimo como a ti mismo."*]

Cuando le hicieron la pregunta a Jesús, en la cultura de su tiempo, los hombres se divorciaban de las mujeres por cualquier motivo. Los autores de la pregunta, eran un grupo religiosos llamado los Fariseos que eran verdaderos adherentes por la interpretación de la letra de la ley. Jesús les respondió por la Escritura, citándoles al pie de la letra. Cuando intentaron evadir su respuesta, trayendo a Moisés como excusa, Jesús los pone en la recta, afirmando que la razón que Moisés permitió el divorcio fue porque sus corazones eran duros. Jesús le presenta ante ellos, que el único y verdadero motivo de divorcio es la infidelidad matrimonial.

Imploro al lector a entender, que la dureza de los corazones de los hombres no ha cambiado y tal vez es aún más difícil hoy dia. Las leyes que rigen el divorcio, separándonos de la cultura que nos da la ley y los mandamientos, se ha incoado por los abusos que han tenido lugar en muchos niveles de nuestra sociedad. Aunque no nos regimos por la Ley Judía, como cristianos, nos regimos por la ley de Dios que viene de una herencia judía. La verdadera iglesia, como organización, todavía mantiene la santidad del matrimonio y lo defiende contra el divorcio, como Jesús dijo, excepto por infidelidad o adulterio.

Incluso, en tal caso como infidelidad o adulterio, si la pareja está dispuesta a perdonar y pasar por la asesoría, un esfuerzo se debe hacer, para restaurar el matrimonio. La iglesia está llamada a ser un agente de restauración.

Mi opinión sobre el tema, no es para darle a nadie una excusa para el divorcio. Pero que cada caso que pueda tener consecuencias graves para un esposo, esposa o hijos que puedan ser puestos en peligro de su vida, el divorcio puede ser un resultado más seguro.

Asuntos como incesto, abuso físico, abuso verbal o amenazas de muerte, a cualquier persona en una relación matrimonial, no es de Dios. Esperando que Dios responda, cuando sabemos el curso correcto de acción que debemos tomar, es tanto un pecado, como permitir que la muerte de un miembro de la familia o miembros de la familia, venga por alojarse por una relación matrimonial que no es lo que Dios quería.

Por otro lado, simplemente divorciarse por razones que podían ser tratados a través de consejería, terapia o alguna otra intervención profesional, descansará en la conciencia de la pareja matrimonial.

Si usted o su esposa fueron quienes tomaron la decisión acerca de su matrimonio y Dios no estaba involucrado. Si ha llegado a un impase en su relación que incluso después de ser aconsejado, no se puede resolver, entonces la decisión de un divorcio es suya y las consecuencias de esa decisión son también suyas. Sin embargo, recomiendo antes de finalizar cualquier relación, que le dé a Dios una oportunidad. Hay hombres y mujeres de Dios, que pueden ayudar, a través de la consejería bíblica. La palabra de Dios dice: [*Lucas 11:9 "Pedid, y se os dará; buscad, y hallaréis; llamad, y os será abierto."*] En este momento de tu vida, no tienes nada que perder y toda una vida para ganar.

Si usted se convirtió en un creyente durante su relación matrimonial y su pareja no es creyente, eso no es suficiente motivo para un divorcio.

> [*1 Corintios 7:12-16 "Y a los demás yo digo, no el Señor: si algún hermano tiene mujer infiel, y ella consiente en habitar con él, no la despida. Y la mujer que tiene marido infiel, y él consiente en habitar con ella, no lo deje. Porque el marido infiel es santificado en la mujer, y la mujer infiel en el marido: pues de otra manera vuestros hijos serían inmundos; empero ahora son santos. Pero si el infiel se aparta, apártese: que no es el hermano o la hermana sujeto a servidumbre en semejante caso; antes a paz nos llamó Dios. Porque ¿de dónde sabes, oh mujer, si quizá harás salva a tu marido? ¿O de dónde sabes, oh marido, si quizá harás salvo a tu mujer?"*]

Como creyente, usted asume la responsabilidad del sacerdocio. Usted debe hacer lo que Jesús enseñó: amar a su compañera/o en salvación. Puede que tome algún tiempo para que la fe sea cultivada en la vida de su pareja, tal vez porque antes de que te entregaras al Señor, no eras digno/a de confianza y eso te separaba. No te rindas. Debes mostrar que Cristo está realmente en ti por tu amor, gracia y actitud perdonadora. Tienes que estar dispuesto a ser crucificado. En salvar a tu pareja, darás testimonio del poder de Dios, el poder de su Palabra y el impacto generacional que tendrá en tu hogar, tu comunidad, tu iglesia y futuras generaciones. Dios está en el negocio de hacer milagros a diario. No hay nada imposible para él.

La iglesia tiene la responsabilidad de educar a los jóvenes y aun los matrimonios, sobre los principios Bíblicamente correctos, para el matrimonio y la relación matrimonial. Esperamos que este libro le señale a muchas personas jóvenes y otras parejas, la dirección apropiada. Que ayude a otros, para conseguir el camino correcto en como apreciar a su pareja. Todavía con los demás, le pueda proporcionar una oportunidad para buscar ayuda, con el fin de presentarle a Jesús su verdadera novia, la Iglesia.

HUESO DE MI HUESO y CARNE DE MI CARNE / 188

LIDERAZGO DE LA IGLESIA Y LA RELACIÓN MATRIMONIAL

El Apóstol Pablo en su carta pastoral, al escribirle a su protegido Timoteo, le dice lo siguiente:

[*1 Timoteo 3:1-7 "Palabra fiel: Si alguno apetece obispado, buena obra desea. Conviene, pues, que el obispo sea irreprensible, marido de una mujer, solícito, templado, compuesto, hospedador, apto para enseñar; No amador del vino, no heridor, no codicioso de torpes ganancias, sino moderado, no litigioso, ajeno de avaricia; Que gobierne bien su casa, que tenga sus hijos en sujeción con toda honestidad; (Porque el que no sabe gobernar su casa, ¿cómo cuidará de la iglesia de Dios?) No un neófito, porque inflándose no caiga en juicio del diablo. También conviene que tenga buen testimonio de los extraños, porque no caiga en afrenta y en lazo del diablo."*]

Vamos a revisar punto por punto esta valiosa información que no sólo se aplica a la iglesia, pero primero tiene que aplicarse a la familia que compone la iglesia.

Palabra fiel. - Lo primero que dice es, que hay verdad en el consejo que va a presentar. Pablo usa el termino obispo, ya que es la forma más alta de liderazgo en la estructura de la iglesia local. Está diciendo que, si usted está buscando trabajar en la iglesia y finalmente obtener la más alta forma de liderazgo, es bueno que fije sus objetivos espirituales una posición de rango. Sin embargo, en la realización de este trabajo para Dios, hay una descripción de funciones, con las cuales se debe cumplir, para calificar y eventualmente ser promovido a ocupar esa posición.

Lo interesante del Consejo de Pablo es, el orden de las calificaciones. Usted verá por qué, una vez siga leyendo.

El obispo sea irreprensible. - Pablo comienza la descripción del trabajo, diciendo que el obispo debe ser irreprensible – no hay razón por qué reprenderle.

La culpa, es el resultado de las acusaciones por un sinnúmero de razones. Así que, si piensas que eres irreprensible, significa que, tu rendimiento pasado, no debe provocar acusaciones de quienes te han conocido lo suficiente, para testificar sobre tu carácter y tu integridad. Esto cubre bastante área de tu vida, desde la infancia, a tu estado actual y el carácter y la naturaleza de la responsabilidad del trabajo que estás buscando.

Esto no significa que estás limpio de pecados. La Biblia establece claramente que todos hemos pecado y estamos destituidos de la gloria de Dios. [*Romanos 3:23 "Por cuanto todos pecaron, y están destituidos de la gloria de Dios."*] Estamos hablando de incluso, si has ofendido a alguien, te has realizado menos que promedio en tu vida, si la gracia de Dios te ha alcanzado, si te has convertido en un hijo de Dios y él te perdonó; tú también debes perdonarte a ti mismo y perdonar a aquellos que has ofendido.

Debes haber hecho restitución, al punto de que no debe haber alguna culpa por la cual necesites apropiarte, de manera que puedas ser responsable y libre de culpabilidad. Tenga en cuenta, que en la visibilidad de la posición que desea descargar, alguien que lo haya perdonado, no lo ha olvidado. Ser libre de culpa, comienza en casa con su esposa y sus hijos. Ellos pueden ser sus más fieros defensores o sus más ávidos acusadores. Ellos son su Primera Congregación... su primer Ministerio. ¡La Novia debe estar impecable!

Marido de una mujer. Usted predica con su ejemplo. El cristianismo no es una religión. Es un estilo de vida. Tienes que vivirla, con el fin de modelarla.

Ser marido de una sola mujer, es seguir el modelo Bíblico establecido por Dios y Cristo. Es la fidelidad de Cristo para su iglesia. Aunque puede haber muchos sistemas de creencias en todo el mundo, hay solamente una iglesia que es la Novia de Cristo.

> Usted predica con su ejemplo. El cristianismo no es una religión. Es un estilo de vida. Tienes que vivirla, con el fin de modelarla.

En un nivel más personal, tenemos que entender, que la voluntad de servir al más alto nivel de los dirigentes de la iglesia, no permite el comportamiento promiscuo. Hay hombres en el servicio a Dios cuya esposa pudo haber muerto por alguna razón cuando eran jóvenes y desde entonces se han vuelto a casar. Esto no lo descalifica. Él es marido de una sola mujer. Si el pobre hombre, pasa a perder a su segunda esposa por cualquier acto de Dios y esta es su tercera esposa, ¿Se descalifica? ¡Ciertamente que no! Él todavía está casado con una mujer.

La referencia por el apóstol es, el matrimonio a una sola mujer y no llevar relaciones extramaritales con otras mujeres a cualquier nivel. El matrimonio se trata de fidelidad. La historia en la Biblia y la historia natural, muestran las consecuencias de múltiples relaciones fuera del matrimonio y las consecuencias desastrosas, con daños de por vida y maldiciones generacionales.

La pregunta que suplica preguntarse es: ¿Qué pasa con un hombre divorciado? Un hombre divorciado debe casarse con una esposa y no vivir con una esposa y recibir "beneficios" de otra. Las razones para el divorcio, hay que considerarlo con mucha sabiduría y orientación de la Triunidad. Un patrón de divorcio demanda una investigación. La persona que aspira en ser obispo, va a ser visto y buscado, para consejería del Ministerio más prominente de la iglesia: la familia. Cualquier patrón fuera de ser el marido de una sola mujer, no será un modelo beneficioso para la iglesia de Dios. La Asamblea y el liderazgo local, así también como la persona que aspira para servicio en el Ministerio, debe cuidadosamente considerar el liderazgo de la iglesia. Hay otros ministerios dentro de la obra de la iglesia, que mejor se adaptan, al carácter y naturaleza para servirle al Cuerpo de Cristo.

Solicito. El líder tiene que estar alerta en cuanto a sus propias debilidades, para mantener la integridad de la casa, su familia, sus hijos, los huéspedes que trae a la casa, su vocabulario, lo que lee, lo que mira, donde va, su papel ante el ojo público, su relación con otros líderes y las congregaciones que él visita. Una buena esposa es el mejor portador de armas para el líder. Lo que él no puede ver, debido a su naturaleza masculina, la esposa lo puede ver, desde una perspectiva femenina. El enemigo no respeta santidad. Él no tiene favoritos.

Templado. Ser sobrio es tener una mente sana. La mente tiene que estar libre para poder pensar con claridad. El líder tiene que tomar responsabilidad de las decisiones tanto en su casa como en el servicio a Dios. Sobrio es lo contrario de estar ebrio. Pensemos en cualquier situación de emergencia, en el hogar o en la iglesia y no ser capaz de tomar una decisión prudente, para salvar una vida, porque no estaba sobrio. La mente tiene que estar clara y lista para recibir instrucción de Dios, interpretar la palabra y transmitir con precisión su mensaje.

La naturaleza del buen comportamiento, no es solo ser bueno. Se trata de representar lo mejor de las gracias sociales en cada evento secular y espiritual. Habla del comportamiento digno de representar los más altos estándares del Reino; primeramente, en el hogar y luego en el templo.

Hospedador. Ser hospitalario es, cómo tratas a los que llegan a la puerta de tu casa. ¿Qué tan bien, los recibe ¿Qué tan bien, usted representa que es un siervo del Dios

Altísimo? ¿Qué tan bien hace a su familia recibir y aceptar sus invitados? Tu casa puede ser el portal de la congregación que Dios puede poner en tus manos. ¿Tienes lo necesario para agasajar a los huéspedes? Los que son creyentes y los que no lo son. Nunca sabrás si has agasajado a Ángeles o Jesús en otra forma.

Una palabra de Precaución: tu casa y la casa de Dios, deben ser respetadas por todo aquel que viene a través de sus puertas. No todo el que dice Señor, Señor viene en el nombre de Jesús. Establezca reglas adecuadas sobre horas de visita. Enseñe a la gente a respetar su tiempo de preparación para el servicio a Dios. Establezca un tiempo aparte de todos los otros negocios, para estar con su familia. No tenga miedo a explicar cortésmente, a alguien, que tiene un compromiso previo. Se determinado para llegar a tiempo en tus compromisos. El tiempo es una inversión dado por Dios, una vez que pasa, no se puede recuperar. No seas tan santo que descuides cuidar a tu cónyuge. No todo es espiritual, o de una naturaleza espiritual. Recuerde que para todo hay una temporada y un tiempo de placer bajo el cielo.

Apto para enseñar. Todo el mundo puede comunicar una lección, aunque sea un tonto. Se necesita disciplina para ser un maestro. De nada vale haber leído la Biblia y no poder utilizar sus valiosas enseñanzas.

La primera señal de un verdadero creyente es, querer saber más sobre el Cristo que acaba de guardar su vida para la eternidad. La evidencia de haber adquirido ese conocimiento, es modificación de conducta. Esto significa, que debe cambiar su estilo de vida, según los principios bíblicos. El apóstol Pablo dijo: "*ya no vivo, pero Cristo vive en mí*".

El cambio en tu vida debe ser comunicado. Se llama un testimonio. Testimonios ante un tribunal, nunca se basan en rumores. Se basan en hechos. Enseñanza es poder recibir los hechos y transmitirlos de tal manera, que el oyente comprende lo que se está diciendo y obtenga el mismo o si no, mejores resultados que usted obtuvo. La clave para la enseñanza es paciencia.

La enseñanza es una forma de comunicación efectiva. El profesor siempre debe estar leyendo. Él o ella necesitan acumular y entender la información, para procesarla y transmitirla. Usted no puede dar lo que no tienes.

En casa, su esposa e hijos, esperan que el jefe de la casa, pueda proporcionarle instrucciones acerca de muchas cosas. Es necesario prepararse para cada contingencia sobre la que Dios le ha permitido adquirir conocimientos. Debido a que sus necesidades cambian día a día, también necesita aprender día a día. ¿Si no consigues lograr esto en la casa, que tan bien opinas, que puedes lograrlo en la casa de Dios, que es más grande y más complicada?

No Amador del vino. La mesa de la comunión no es la cantina local. En la Marina hay una expresión que dice "*labios sueltos hunden barcos*". No mezcles el vino y los sermones del domingo. Ni tampoco mezcles la cena del domingo, borracho con tu pareja. Una copa de vino puede ser medicinal. Tres o más pueden ser perjudicial.

Diferentes culturas tienen diferentes enfoques para beber. ¡Se sabio! Tú representas la naturaleza y carácter de tu propia casa, y lo más importante, la naturaleza y carácter de la casa de Dios. Como se dijo antes, estar sobrio, permite pensar, analizar y reaccionar con prudencia y no con tonterías. Observe que el apóstol no está diciendo que no tomes. Él dice no dado al vino.

Si en su vida usted pudo haber sido, o ha tenido un familiar que era, o es un alcohólico, usted entiende la naturaleza incoherente y falta de respeto de una persona bajo la influencia alcohólica. Dios sana. El individuo y la familia necesitan tener una conciencia libre de tentación. Salva a la familia y salva a la iglesia.

No heridor. Muchos hogares han sido testimonio de padres maltratadores. Existen esposos y esposas que han sido abusados físicamente por sus cónyuges. La vida de los niños que han sido afectada al ser testigos de un comportamiento tan cruel.

La parte triste es, que esto sucede incluso en casas de "Cristianos". Los roles de liderazgo en la iglesia hay que considerarlos por medio de investigaciones del trasfondo de esos candidatos para el servicio en la Casa de Dios. El Evangelio de Jesús no es sobre boxear unas cuantas rondas con tu esposa o hijos y luego cantando canciones y alabanzas el domingo. No es aterrorizar a la familia bajo la amenaza de castigo corporal. Revise su actitud y su diploma de boxeo, en las manos de Jesús. La familia necesita amor, compasión, comprensión y que representen a Cristo como sacerdote en su hogar.

No codicioso de torpes ganancias. No el tipo de persona que se aprovecha del dinero de la gente, se gana dinero ilegalmente o estafa a personas de su riqueza. No el tipo de persona que hace o pasa dinero de juego al azar.

Buenos valores son la piedra angular de la familia. El sacerdote de la casa tiene que ganarse la vida honradamente. Es bíblico que, con el sudor de tu frente, te ganarás tu subsistencia con el fin de alimentar a tu familia. Dios mismo trabajo seis días para crear el cielo y la tierra. Fue incluso más allá, haciendo un jardín. No hay atajos para una vida honesta. Cualquier cosa que no se gana honestamente, desaparece tan rápidamente como llegó. No trates o intentes exprimir dinero de tu familia y mucho menos de la congregación que Dios te ha permitido ministrar.

Moderado. La impaciencia conduce a errores, juicio deteriorado, haciendo las mismas cosas repetidas veces, le cuesta tiempo y dinero, ruina amistades y matrimonios, ocasiona aislamientos en las personas y la lista puede ser mucho más larga. La impaciencia es impulsada por la pobre administración del tiempo y deseos egoístas; todo lo que conduce al estrés. Produce toxinas en el cuerpo que te dará a lo menos, úlceras y finalmente te mata.

Lo oímos todo el tiempo, *"la paciencia es una virtud"*. ¿Sabemos realmente lo que significa? Se dice que la paciencia es una buena característica moral, es un buen atributo para tu carácter. La mejor manera que puedo definir paciencia, es tener la fuerza moral y mental para esperar. (Algunos de ustedes leyendo esto, pueden tener otras formas más gráficas de describirlo).

En el hogar, la paciencia está así en tanta demanda, que se necesita una fuente de provisión cada hora. La paciencia no tiene días u horas o minutos libres. La paciencia es manejable. Necesita practicarse y es uno de los atributos humanos, que realmente pone a prueba, tu voluntad con Dios. Creo que Dios tiene un almacén especial, para dispensar la paciencia.

No litigioso. En otras palabras, no en busca de argumentos, o crearlos. No es un machacador. El peleador siempre está leyendo entre líneas. Cuestiona la intención de las palabras, porque la interpretación recibida es negativo, despectivo a su carácter, su sistema de creencias, o a lo que le parece ser correcto o incorrecto. El peleador es como un intimidador de todo lo que tú dices. El sacerdote de la casa, el líder en la congregación de los Santos no es contencioso. Esa persona permite a que Dios resuelva la ignorancia.

Ajeno de avaricia. Codiciar es desear indebidamente lo que les pertenece a otros. Curiosamente la codicia tiene su lado positivo. Bíblicamente se puede codiciar las oraciones. En otras palabras, tú deseas que personas oren por ti.

En el lado negativo, no puedes codiciar la mujer o el esposo de tu prójimo, su auto, su casa, etc. Conténtate con lo que Dios te ha dado. El conoce tus necesidades y deseos; incluso, antes de preguntar por ellos. El Salmo *23* dice: *"Jehovah es mi pastor; nada me faltará."* Quiere decir, que por cuanto él es tu pastor y tú eres su oveja, no hay nada que tú necesites porque el suministrará a tus "*carencias*".

Que gobierne bien su casa. Gobernar, significa promover orden. Esto quiere decir, que es necesario establecer normas y reglamentos para la seguridad y el bienestar de aquellos que son parte de, que entran o salen de tu casa. Cuando tienes un gobernante benevolente, hay armonía en el Reino. Cuando tienes un tirano o dictador, hay agitación, caos, desconfianza, pillaje, desencanto y revueltas. Nadie quiere vivir allí. Es lo mismo en la casa de Dios. No puede haber líderes que no gobiernan bien. Si quieres alguien que gobierne en un rol de liderazgo en la congregación, hablale a su vecino para que te diga cómo tu candidato administra la propiedad donde vive y en qué manera trata a su esposa e hijos. Él puede ser un Santo en la Iglesia, pero un tirano cuando llega a la casa.

Que tenga sus hijos en sujeción con toda honestidad. El hogar es el campo de entrenamiento para la próxima generación. Si como padres no hacemos nuestro trabajo bien, la próxima generación se aprovechará, tomara venganza o nos maltrataran porque no hicimos lo que debíamos hacer. Cuando decimos "*esta nueva generación no sabe lo que están haciendo*", en esencia lo que estamos diciendo es que nosotros no los preparámos correctamente para cuidar de nosotros en nuestra ancianidad. Deténgase a pensar qué tipo de dirigentes tendremos en nuestras iglesias cuando la premisa para el respeto del sacerdote de la casa, nunca ha sido enseñada o practicada. Sus hijos reflejan su poder y autoridad. Él o ella reflejan su gobierno, sus prejuicios, sus parcialidades, su amor, su respeto por la vida y su actitud hacia el mundo y sus líderes.

> [*Proverbios 22:6* "*Instruye al niño en su carrera: Aun cuando fuere viejo no se apartará de ella.*"]

[*Efesios 6:4* "*Y vosotros, padres, no provoquéis a ira a vuestros hijos, sino criadlos en la disciplina y la instrucción del Señor.*"] La palabra provocar en el texto significa "*incitar*". Es repetido a continuación. Padres - aprendan a disciplinar al niño en cuanto a la corrección o modificación del comportamiento negativo exhibido.

Gritando, chillando, llamándolos estúpidos, haciendo comentarios derogatorios sobre el comportamiento de tus hijos, va a volver a picarte más adelante en la vida. Alabar, amar, motivar, abrazar, besar, celebrar y recompensar; instigan lo positivo. Esto es lo que tu Padre celestial hace por ti.

Tu padre terrenal o tu madre, puede que no hubieran hecho su trabajo correctamente, o lo hicieron a la medida de sus habilidades; pero tú tienes un Padre Celestial que está listo, dispuesto y capaz, para que puedas superar las etapas más difíciles de tu vida.

> [*Colosenses 3:21* "*Padres, no irritéis a vuestros hijos, porque no se hagan de poco ánimo.*"]

No un neófito. No puede haber alguien que es un bebé gobernando la iglesia de Dios. De la misma manera, no puede tener los niños gobernando la casa. Es bastante difícil conseguir que un niño le haga un encargo. Cuánto más difícil es cuando tienes un líder que aún no entiende principios bíblicos y él o ella se hace un diácono, ujier, tesorero, secretario o cualquier otra vacante que tienes en la casa de Dios. No estamos corriendo un negocio secular, estamos a cargo de los negocios eterno del Señor.

Forma, educa, prepara, mentora, supervisa, disciplina y cuando estén listos, transicionales a trabajar en los negocios del Reino. Cuando eres fiel en lo poco, luego serás promovido a mucho. No abrumes a tus nuevos oficiales con mucha responsabilidad. Aprende a ser apto para enseñar.

Por último, que tenga buen testimonio de los extraños. Esto vuelve a lo que dije antes, sobre el testimonio de candidato para ejercer liderazgo en la casa de Dios. Hay que considerar el testimonio dentro de la comunidad que vive. Una persona puede ser muy activo en la iglesia. Puede ser maravilloso con la congregación. Puede ser el gran portador de armas del pastor. Sin embargo, al llegar a casa, él no puede conllevarse junto con su esposa e hijos. Es abusivo, beligerante, discute con su prójimo; él es totalmente otra persona. Puede hacer que un nuevo allegado a la iglesia perciba una sensación agradable de esa persona, pero nunca conseguirá que su familia o vecinos a vengan al Señor. Esa persona anula el buen trabajo en la casa de Dios, con el terrible testimonio que despliega a los que están afuera de la comunidad de la iglesia.

Al concluir este capítulo, quiero llamar su atención a la admonición del Apóstol Pablo a Timoteo.

> [1 Timoteo 5:8 *"Y si alguno no tiene cuidado de los suyos, y mayormente de los de su casa, la fe negó, y es peor que un infiel."*]

Cualquier persona que no provee para su familia, especialmente los de su casa, él anula la fe y la Triunidad en su vida. Es peor que un pecador.

Su familia, su hogar, debe ser la primera iglesia y la primera congregación que se aprende a Pastorear. Debe ser un lugar de paz y que da la bienvenida a los enviados de Dios, para recibir su primer gusto de las buenas nuevas de Jesúcristo. Su hogar es su primer Ministerio. Repase los requisitos para ser un líder en la iglesia.

Mire a ver si hay áreas de su ministerio que necesitan reparación o restauración. No nacemos con todos los conocimientos necesarios para convertinos en la persona que Dios necesita para trabajar en Su Reino. Pero Dios ha provisto los recursos necesarios y los mentores que nos ayuden a adquirir y pulir esas habilidades, hasta que podemos realizarnos bien y con excelencia. Sea humilde. Pida, busque y llame. La humildad tiene el poder de traer a los orgullosos sobre sus rodillas: a veces por convicción y otras veces por condiciones.

UNA APELACIÓN DE CRISTO A TODOS LOS HOMBRES

[1 Pedro 3:7 "*Vosotros maridos, semejantemente, habitad con ellas según ciencia, dando honor a la mujer como a vaso más frágil, y como a herederas juntamente de la gracia de la vida; para que vuestras oraciones no sean impedidas.*"]

Tu Mamá.

Mis hermanos, con la excepción de Adán, todos hemos venido de una mujer. El vaso más frágil. La persona que nos llevó a término de nueve meses. A través de su vientre, nos sostuvo en la vida, nos protegió, fuimos meticulosamente cuidados y todo el tiempo, sacrificando lo que se comía, su casa, teniendo cuidado de papá y por demás, posiblemente teniendo cuidado de nuestros otros hermanos y hermanas. Ella iba al mercado, lavaba la ropa, preparaba los alimentos y un sinfín de quehaceres domésticos, mientras que todavía no teníamos idea del mundo exterior. En su vientre, le pateábamos, le hacíamos bulla, la hacíamos levantarse en diferentes momentos de la noche, sólo para que pudiéramos ir al baño. Ella tomó precauciones yendo a los médicos, comprobando nuestra salud y la suya, sólo para asegurarse de que estábamos saludables.

Cuando llegó el momento de dejar el vientre, ella se aseguró que tuviéramos un lugar cálido para dormir, nos amamanto, se reía y jugaba con nosotros. Nos hablaba, nos decía sobre nuestro futuro, nos cantaba llevaba a dondequiera que iba. Nos presentaba a personas que no conocíamos. Ella siempre estaba presente cuando lloramos. Permanecía despierta cuando estábamos enfermos. Ella hacia todo lo posible por que estuviéramos cómodos. Nos prestaba atención cuando llorábamos, incluso, por razones desconocidas. Nos amó sin importar como nos pareciéramos, qué desventaja física nos acompañó en el mundo y nunca estuvimos sin una expresión de su amor. Quiero que reflexiones en estos momentos, porque parece haber olvidado, el rol que una mujer desempeñó en tu vida.

Has abandonado el mandamiento de honrar a tu padre y madre. Ella puede estar vieja o débil. No le escribes, no la llamas, no recuerdas su cumple año, o cualquier momento especial de su vida para honrarla. Sólo te recuerdas cuando no tienes un lugar para quedarte, o necesitas dinero o necesita alimentos. Eres un adulto y no puedes soportar cuando ella te da consejos. La has oído tantas veces, que ya te parece molestia. Ahora como adulto, mamá es sólo mamá cuando necesitas algo. Sin embargo, ella puede recordar todos los detalles de tu vida según crecías y aún tiene un lugar para ti en su corazón.

¿Qué clase de hijo eres? ¿No crees que la mujer que fue

instrumento de Dios para tu llegada a este mundo, merece respeto? Si no tienes ningún honor por tu madre, ¿cómo puedes honrar a tu esposa? Se puede decir todo lo que quieras acerca de tu madre, pero el hecho de que puedes hablar, caminar, ir al baño, puedes sostener una cuchara a la boca, atar tus cordones de los zapatos, ser capaz de ir a la escuela y mucho más, es posible, gracias a tu madre.

Tu situación en el hogar, debido a tus padres puede haber cambiado. Mamá y papá pueden haber tenido sus diferencias. Acabaste siendo un huérfano. Tal vez te abandonaron. Sólo tú y Dios saben las circunstancias de tu vida. Con todo, todavía usted vino al mundo a través de una mujer.

Tu Responsabilidad para tu Esposa

En la cita bíblica al principio de este capítulo, el apóstol Pedro entrena a los creyentes sobre las responsabilidades del esposo con la esposa. Vamos a revisar su declaración cuidadosamente porque hay algo que Cristo desea informarte acerca de tu compañera, referente a tu hogar, ministerio y la iglesia.

El Cristianismo es la única base de fe, que rinde homenaje a la mujer conforme a los principios bíblicos. En cada sistema de religión, la mujer ha sido considerada en cada manera, como inferior al hombre. El Cristianismo nos enseña, que, con respecto a sus más altos intereses, los intereses de Dios, el Señor, ella es en todos los sentidos, igual al hombre. Ella tiene derecho a todas las esperanzas y promesas impartidas por la Palabra de Dios.

> El Cristianismo nos enseña, que, con respecto a sus más altos intereses, los intereses de Dios, el Señor, ella es en todos los sentidos, igual al hombre. Ella tiene derecho a todas las esperanzas y promesas impartidas por la Palabra de Dios.

Ella es redimida de la misma manera que su esposo. Dios se dirige a ella en el mismo idioma de tierna invitación. Ella tiene los mismos privilegios y comodidades que imparte la Palabra en este mundo. En el cielo, ella se elevará a los mismos niveles. Cuando la mujer es reconocida por su valor, haciéndole igual al hombre en la esperanza del cielo, ella subirá a su lugar apropiado. El hogar vendrá a ser lo que debe ser, un lugar de inteligencia y amistad genuina. Un mundo sufrido y triste, sonreirá bajo la bendición de una mujer cristiana.

Tu esposa es, en mayor y otros aspectos, igual a ti. Ella, por la voluntad de Dios, tiene el mismo acceso a la gracia de vida, tiene acceso a todas las bendiciones en esta vida y la por venir y ambos deben vivir en paz y tranquilamente, uno con el otro. La gracia está conectada con la vida eterna. Tu esposa es heredera de la gracia de la vida al igual que tú. Ella puede ser inferior en fuerza tosca, pero ella es tu igual en el sentido más importante: que es una compañera de viaje contigo, a un mundo superior y que, en todos los sentidos, ella tiene derecho a todas las bendiciones que la redención le confiere, tanto como a ti.

Como hombre, tienes lo que ella necesita: coraje y fuerza y como mujer, ella tiene lo que tú quieres: belleza y delicadeza. Dios los ha hecho iguales a los dos, por lo que realmente, hay muy poca superioridad en cualquier lado.

Usted puede tener dificultad al empezar a procesar la información dada, porque le falta o careció de la instrucción, como lo indica en la Biblia. Si se considera un hombre de Dios, si se encuentra en una posición de liderazgo o aspira a una posición de liderazgo en la Casa de Dios, necesita obedecer el Consejo Bíblico.

La palabra dice "*morar o habitar*" con tu esposa. La palabra tabernáculo, como se usa en el Antiguo Testamento, cuando habla de la portable casa de Dios, significa morada. Era el lugar donde Dios habitaba con su pueblo. Era el lugar de residencia. Ya cubrimos lo que quiere decir permaneciendo en sumisión. El uso de "*habitar*" por el apóstol Pedro, tiene el mismo significado. Dios, el Supremo Sumo Sacerdote habitó con su pueblo. Era un símbolo de la iglesia con sus niños, donde el marido y la esposa, vivían juntos. De la misma forma como Dios habitó con su pueblo y Cristo mora con la iglesia, como su cabeza, así debe el hombre vivir con su esposa en su casa. Su casa es, su primera iglesia. Tú eres su primer sacerdote y tu esposa es la sacerdotisa y primer miembro. Mirad que habites en armonía.

"*Según ciencia*". Esta es la segunda petición en el verso. Vivir con tu esposa según la ciencia, se refiere a tener una visión inteligente conforme al Evangelio, en cuanto a la naturaleza de la relación. No es de acuerdo a la lujuria, como un pervertido; ni de acuerdo con pasión, como si fuera ella un objeto sexual; pero según los conocimientos, como un hombre prudente y razonable, que sabe la Palabra de Dios y de su aceptable conducta. Usted debe comportarse hacia su esposa como un hombre que tiene el conocimiento de Dios; quien entiende los fines porqué, esta unión fue diseñada, y la manera en que los creyentes deben comportarse en ese santo estado. La atención a estos detalles debe mantenerle bajo control de no ser, cruel, infiel o perjudicial para su comodidad terrenal o mejora espiritual. ¿Qué clase de evangelio estás predicando dentro y fuera de tu casa?

"Dando honor a la mujer." Hemos cubierto este tema bien en todo el libro, pero vale la pena reiterar. Significa darle el respeto que merece, no sólo como mujer, sino como una mujer de Dios. Significa defender su autoridad en el ámbito de sus responsabilidades como un regalo dado de Dios. Significa proteger a su persona; a su honor como tu esposa; apoyar su valor, tomando interés en su conversación; proveer para sus necesidades financieras o personales si no trabaja secularmente. Dándole la medida de confianza que merece. No hay necesidad de configurar un GPS o un dispositivo de rastreo.

"Como a vaso más frágil." La mujer se le llama un vaso por varias razones. Puede ser porque el marido la utiliza como su amiga y ayudante en los ministerios activos del hogar y la iglesia. Podría ser porque como un recipiente de barro, puede ser fácilmente rota. Puede tratarse de la morada frágil de su alma. Podía ser porque el cuerpo es el instrumento por el cual el alma logra sus propósitos. Podía

ser como un vaso, que es un instrumento; un ayudante; quien es empleado de otro para lograr algo, o para que le ayuden. Quizás es porque su cuerpo es propenso a muchas enfermedades a la que un hombre nunca puede estar expuesto. Ella puede tener una gran mente igual a la suya; ella puede tener cualidades morales en todos los sentidos superiores a los tuyos; pero el Dios de la naturaleza, le ha hecho con un cuadro más delicado, con una estructura más frágil.

"Para que vuestras oraciones no sean impedidas." Como el sacerdote de la casa, no necesitas preguntar si deben o no, establecer el altar familiar; eso lo haces como uno de los frutos de tu relación con Cristo. No necesitas un mandato formal.

El verso de la Biblia no parece indicar que la oración tiene que ser juntos en todo momento, pero parece que implica "*vuestras*" en la Declaración podría significar marido y mujer. También implica "*oraciones*", que podía ser la oración del marido y la mujer. Incluso puede implicar que usted puede perder su deseo de orar o que sus oraciones no tengan mucho éxito.

¿Por qué se pueden bloquear mis oraciones? Porque la falta de usted como hombre, en no ser capaz de seguir las instrucciones Bíblicas, de responder con respeto y honor a su esposa, significa que sus oraciones puedan ser bloqueadas. Como dice en el Evangelio de Mateo: [*Mateo 5: 23, 24 "Por tanto, si trajeres tu presente al altar, y allí te acordares de que tu hermano tiene algo contra ti, Deja allí tu presente delante del altar, y vete, vuelve primero en amistad con tu hermano, y entonces ven y ofrece tu presente."*]

[*Salmo 133:1 "¡Mirad cuán bueno y cuán delicioso es Habitar los hermanos igualmente en uno!"*]

UNA APELACIÓN DE CRISTO A TODAS LAS MUJERES

[1 Pedro 3:1-6 *"Asimismo vosotras, mujeres, sed sujetas a vuestros maridos; para que también los que no creen a la palabra, sean ganados sin palabra por la conversación de sus mujeres, considerando vuestra casta conversación, que es en temor. El adorno de las cuales no sea exterior con encrespamiento del cabello, y atavío de oro, ni en compostura de ropas; Sino el hombre del corazón que está encubierto, en incorruptible ornato de espíritu agradable y pacífico, lo cual es de grande estima delante de Dios. Porque así también se ataviaban en el tiempo antiguo aquellas santas mujeres que esperaban en Dios, siendo sujetas a sus maridos: Como Sara obedecía a Abraham, llamándole señor; de la cual vosotras sois hechas hijas, haciendo bien, y no sois espantadas de ningún pavor."*]

Queridas hermanas, por favor, presten atención a las palabras del Apóstol Pedro. Él fue inspirado por el Espíritu Santo, para compartir lo siguiente con todas ustedes.

"Vosotras, mujeres, sed sujetas a vuestros maridos; para que también

los que no creen a la palabra, sean ganados sin palabra por la conversación de sus mujeres." El orden bíblico en cuanto a autoridad no puede ser cuestionado. Fue dado por Dios, escrito por hombres y respaldado por Cristo. Dios tiene la autoridad sobre el hombre porque el hombre fue creado por Dios. La mujer fue creada por Dios, pero vino del hombre. Ella está bajo la autoridad del hombre. Cristo es el hijo de Dios y por lo tanto está bajo la autoridad de Dios. La iglesia es la novia de Cristo y por lo tanto está bajo la autoridad de Cristo. Por ejemplo y mandamiento, todo el mundo está sujeto a la autoridad.

Cuando Pedro escribió su libro, él proporcionó instrucciones acerca de la relación entre hombre y mujer. Cuando habla de esposas en sujeción a sus esposos, está diciendo que, debido al orden de la autoridad, exista una cariñosa sumisión a la voluntad y obediencia, a la autoridad delegada de sus maridos. Esta conducta complaciente, sería la manera más probable para modelar el carácter y la naturaleza de Cristo y ganar a esos maridos desobedientes e incrédulos, que habían rechazado la palabra, o quienes no prestarían atención a ninguna a otra evidencia de la verdad, a menos que vieran testimonio en la conversación prudente, pacífica y ejemplar de sus esposas.

Pedro también ofrece estos consejos a las mujeres paganas que se habían convertido en creyentes. Él no quería que fueran a descuidar sus deberes para sus maridos, por causa del Evangelio. Estaban bajo autoridad y aun ahora más que antes, debían sujetarse intencionalmente, con el fin de ganar a sus maridos para Cristo.

Un humilde sometimiento y un respeto amoroso y reverente, son derechos que las mujeres cristianas le deben a sus maridos, buenos o malos. Aunque mucho más difícil ahora que antes, estas tareas fueron transferidas de Eva a Adán antes de la caída y son todavía necesarias.

> *"El adorno de las cuales no sea exterior con encrespamiento del cabello, y atavío de oro, ni en compostura de ropas; sino el hombre del corazón que está encubierto, en incorruptible ornato de espíritu agradable y pacífico, lo cual es de grande estima delante de Dios."*

Pedro sigue su orientación para estas mujeres que se han convertido al cristianismo, haciendo recomendaciones positivas a favor de sus maridos. También se ofrecen estas recomendaciones en lugar de las rameras que se vestían provocativamente para atraer a los hombres. No había nada malo con arreglar su pelo, usando oro o vistiendo ropa elegante. Sin embargo, hubo una marcada distinción cuando dice que el adorno debe ser en el hombre del corazón que está encubierto.

> Un humilde sometimiento y un respeto amoroso y reverente, son derechos que las mujeres cristianas le deben a sus maridos, buenos o malos.

El pueblo cristiano debe cuidar que toda su conducta externa, represente su estilo de nueva vida en Cristo. Deben ser conscientes en todo tipo de conversación. Como mujeres que están ahora bajo la autoridad de Cristo y de sus maridos, el adorno exterior del cuerpo no debe ser sensual y excesivo; debe ser moderado, no llamando la atención en cuanto a seducir o tentar a otros. No debe ser demasiado rica, curiosa o superflua. No quieres imitar la ligereza y la vanidad del mundo. Vista de buen gusto que agrade a su marido, o se requiera para su estado en la vida.

Su declaración de moda debe ser algo incorruptible. Debe complementar el trabajo del Espíritu Santo. Los adornos externos del cuerpo son destruidos por la polilla o la oxidación. Más a menudo perecen con uso; pero la gracia de Dios, cuanto más la usamos, es más brillante y mejor.

La parte para ser adornada debe ser el hombre encubierto del corazón; es decir, el alma; lo oculto, el hombre de la mujer interior. Tenga cuidado en adornar y embellecer su almas en lugar de su cuerpos. Hay una belleza que se manifiesta hacia afuera cuando el alma se regocija en su Salvador. Es más, a menudo manifestada con una sonrisa, un corazón dedicado, una palabra suave, un deseo de servir, un espíritu manso y apacible, una firme y segura postura de que mayor es el que está en vosotros, que quien está en el mundo.

> *"Porque así también se ataviaban en el tiempo antiguo aquellas santas mujeres que esperaban en Dios, siendo sujetas a sus maridos: como Sara obedecía a Abraham, llamándole señor; de la cual vosotras sois hechas hijas, haciendo bien, y no sois espantadas de ningún pavor."*

En su declaración final, Pedro habla de las mujeres santas del tiempo antiguo. Él no está hablando de mujeres antiguas con estilos viejos. El reverentemente se refiere a las mujeres en el Antiguo Testamento desde Sara. Ellas se adornaban para complacer a sus maridos. Ellas voluntariamente se sujetaban a sus maridos. Sara es un ejemplo: llamó a su esposo Señor. ¿Por qué Sara? Porque era Sara, cuyo nombre fue cambiado por Dios, de Saraí a Sara. Su nombre significa princesa de multitudes. El hecho de que ella fue reconocida por Dios como princesa, en su propio rango, con todo, ella obedeció a su marido. Ella lo siguió cuando se fue de los Caldeos sin saber dónde iban y lo llamó Señor. Ella le mostró reverencia y había reconocido su superioridad sobre ella.

Puedes tratar en utilizar la excusa de la debilidad femenina cuando es conveniente, pero estas mujeres santas de la antigüedad recibieron reconocimiento debido a su presentación; incluso para los tiempos cuando vivieron. Tenga en cuenta: vivían en viejos tiempos y tenían menos conocimientos para informarles y menos ejemplos para motivarlas a ellas; sin embargo, en todas las edades practicaban este deber; eran "*mujeres santas*". Es debido a su firmeza, que su ejemplo se debe seguir; confiaron en Dios y sin embargo no descuidaron su deber a sus maridos. Los deberes requeridos de usted, de un espíritu tranquilo y de sometimiento a su propio marido, no son nuevos. Estas son cualidades/deberes que para siempre se han practicado por las mujeres más reconocidas e influenciales en el mundo.

Usted puede haber sido niña de papá o princesita de mamá, pero tú herencia va más atrás que su gran tátara abuela. Tu herencia se remonta a Eva. Si deseas reclamar tu estado de derecho en el Reino, debes aprender de las mejores. Por eso es que Pedro dice "*...de la cual vosotras sois hechas hijas, haciendo bien, y no sois espantadas de ningún pavor.*" No debe sorprenderte que tienes una herencia tan extendida. Tu vienes de una larga línea de mujeres de fe y buenas obras. Eres valiente y no una que te marchas; conoces la verdad de la Palabra. Se quiere que ni te marches de la verdad que profesas o te descuides de tu deber a tu marido. Harás lo que debes, sin miedo o por fuerza. Lo harás principalmente, de buena conciencia hacia Dios y un sentido del deber para la Gloria de Dios.

LA FAMILIA DE DIOS

Un estilo de vida cristiano hace un hogar feliz. Permita que los principios del Reino: conocimiento y sabiduría de Dios, reinen en cualquier familia que le permite a Cristo ser el huésped invisible del hogar. La familia que es obediente a la palabra de Dios, que escucha la voz del Espíritu Santo, que agradece el desinteresado sacrificio de Cristo Jesús, servirá de modelo, como casa que representa el Evangelio. Será casa inteligente, llena de alegría y paz.

> La familia que es obediente a la palabra de Dios, que escucha la voz del Espíritu Santo, que agradece el desinteresado sacrificio de Cristo Jesús, servirá de modelo, como casa que representa el Evangelio.

Permitirle a la Triunidad trabajar a través de todos los miembros de la familia, es una forma fácil y sencilla de ser feliz en la relación de la familia. Aunque pueda haber pobreza y decepción, enfermedades, preocupaciones y pérdidas; sin embargo, habrá paz interior, porque va a haber amor mutuo y la alegre esperanza de un mundo más brillante. Una casa es sólo madera, ladrillo, mortero, concreto, cables y tubos. Un hogar es donde el corazón cuelga su abrigo y late con amor sin reservas, a cada arteria de la vida. No importa cuánto dinero se gaste en pintura para el exterior, lo caro que sus muebles puedan ser, cuántos sirvientes le atiendan, cuántas fiestas emprendas, el número de autos en tu garaje, nada asegura la felicidad en su hogar como Jesús en su casa. Cuando llegue el momento que tengas que enfrentar la enfermedad, decepciones, muerte o lo que las tormentas de la vida te deparen, el activo más valioso, es tu relación con tu familia.

Dios toma notas exacta y mantiene un registro exacto, de las acciones de todos los miembros de la familia en el mundo. Toma en cuenta la sujeción de las esposas con sus maridos como un deber que se ha practicado universalmente por mujeres santas en todas las edades. Dios toma nota de lo bueno que hay en sus siervos, para su honra y beneficio, pero cubre multitud de faltas.

El honor más grande de cualquier hombre o mujer, se encuentra en un comportamiento humilde y fiel de sí mismos, en la relación o la condición de lo que les sucede. Como familias cristianas, debemos cumplir con nuestro deber, no por miedo, ni por fuerza, pero de una mente dispuesta y obediente a la Palabra de Dios.

En conclusión, les digo esto a los hombres y sobre todo a los cristianos. Eres el símbolo de Cristo en el hogar y dondequiera que vayas. Esto debería ser suficiente, para estar en la guardia en todo momento. Si mantienes una posición de liderazgo dentro de la casa de Dios, desde conserje al obispo, tenéis una multitud de testigos observando todos tus movimientos.

Tienes una esposa e hijos que no sólo te miran, pero esperan que los trates como lo haría Jesús. Cómo tratas a tu esposa e hijos, habla de las virtudes de un hombre sabio en esta generación y la siguiente. Tu presentas la plataforma en la tierra para otros creyentes, las esposas de aquellos que mentoras, los hijos e hijas que te honran y respetan, las esposas y maridos que miden tu ejemplo.

La comunidad donde vives, ve tu casa como la de un hombre piadoso. Cómo logras manejar esa propiedad y todo lo que sucede, dentro y fuera, representa la buena administración de lo que Dios te ha dado.

¡No somos perfectos! Esa etapa de nuestra vida viene cuando nos enfrentemos a Cristo. Pero hasta ese momento, ante el trono de Dios, debemos elevar nuestra compañera al estándar permitido de todos los creyentes por la gracia de Dios para salvación. No se puede hacer este trabajo solo. La carga es pesada pero el yugo es ligero. Haz tu carga más ligera. Reconoce a tu esposa como pareja idónea del ministerio. Cuando el evangelio que predicas comiences a vivirlo, alcanzarás a tu esposa. Entonces tendrás una compañera dispuesta y activa. Ella será tu portador de armas, porque no solo hablas verdad, pero la experimentas junto con ella.

Mis estimados colaboradores en la obra del Señor. Si después de leer esto, sientes que no has dado en el blanco. Sientes que has fallado a tu familia o a tu congregación, ten coraje para pedir perdón. Da al Espíritu Santo la oportunidad de elevarte aún más alto. Entonces, vaya adelante y practique lo que predica.

A todas las mujeres del mundo que han leído este libro, Cristo es el único hombre, Hijo de Dios, que ha elevado a las mujeres a su lado, no sólo a través de salvación, pero al hacerlas símbolo de su iglesia. Tienes ese privilegio de su reconocimiento y honor. Como un hombre y siervo de Dios, pido disculpas a ustedes por las injusticias y atrocidades que se han cometido contra de ustedes por la falta de comprensión del hombre, del Plan Maestro de Dios. La naturaleza pecaminosa ha nos afectado a todos nosotros y el originador del pecado ha sido condenado por Dios. Por cuanto el primer Adán falló, Dios nos envió a su único hijo, Jesús, el esposo de la iglesia y el que entiende muy bien el papel de las mujeres y las esposas en su Reino.

Siga adelante con Cristo en su corazón, sepa que todos los hombres eventualmente serán juzgados por Cristo. Su abnegación en sumisión a los principios bíblicos del matrimonio, nos ayudará a cambiar la marea de hombres ignorantes, masoquistas y malvados que se quemarán en el infierno por su naturaleza rebelde de no entregar sus corazones al Señor de señores y Rey de reyes. Como la Reina Ester, usted va ser exonerada. Se le dará una corona de vida. Cada lágrima será sojuzgada. Cada herida será sanada. Cada cicatriz se borrará con ternura. Todos los niños que alguna vez has perdido los veras en el cielo. Las glorias de tus victorias para siempre se contarán en la presencia de Dios. Aunque seas considerada como el vaso más frágil, eres de los más bonitos, los más utilizados, retienes las mejores fragancias y los mejores vinos. Tu vaso nunca permanecerá vacío en la presencia de Dios. Los hombres buenos también vendrán a reconocer esto. Alegraos, alegrate porque tu Redentor vive y la gloria de su luz te alcanzara no importa en qué rincón oscuro de este planeta el hombre te quiera lastimar o esconderte.

La comprensión de la humanidad de lo que es relación, ha preparado el camino para Jesús y la iglesia. La Iglesia es una parte de Jesús. Él le dio a luz a ella. Por esta razón toda relación de los hijos de Dios a la iglesia, tiene su fundamento en familia. Todo lo que ha hecho hombre para romper la familia, sustrae de nuestra relación a Dios el Padre, Jesús y la Iglesia. Por esta razón hemos sido llamados a restaurar la familia. De esta manera, restauramos la iglesia; curamos a la novia del cordero y podemos presentarla sin mancha y arrugas para el segundo Adán que es Cristo.

[*Mateo 11:28 "Venid a mí todos los que estáis trabajados y cargados, que yo os haré descansar."*]

Fin

www.ingramcontent.com/pod-product-compliance
Lightning Source LLC
LaVergne TN
LVHW051551070426
835507LV00021B/2520